RETRAITES :
LA DERNIÈRE CHANCE

DU MÊME AUTEUR

L'Écologie contre la démocratie, Plein Jour, 2016.
Les Impôts pour les nuls, First, 2014.
Google, un ami qui ne vous veut pas du bien, Anne Carrière, 2013.
Ne tirez pas sur le foot. Contre les idées reçues, Anne Carrière, 2013.
EDF : les dessous du scandale, Lattès, 2010.
Les Défis du capitalisme coopératif. Ce que les paysans nous apprennent de l'économie, avec Georges Lewi, Pearson, 2009.
SNCF : un scandale français, Eyrolles, 2009.
La Bataille du pouvoir d'achat, Eyrolles, 2008.
Toujours moins cher. Low cost, discount & Cie, Karthala/Éditions de l'Atelier, 2006.
Le Tourisme à la Martinique. Sous la plage… les conflits, Karthala, 2004.

PASCAL PERRI

RETRAITES : LA DERNIÈRE CHANCE

l'Archipel

Un livre proposé par Michel Taubmann

Notre catalogue est consultable à l'adresse suivante :
www.editionsarchipel.com

Éditions de l'Archipel
34, rue des Bourdonnais
75001 Paris

ISBN 978-2-8098-2575-6

À la mémoire de mon père Bernard,
avec toute ma reconnaissance
À Valérie mon épouse, mon inspiratrice.

Sommaire

Prologue

ÉGALITARISME OU JUSTICE SOCIALE ?

Nous avons une dernière chance de réformer notre système de retraite. Pour de bonnes raisons financières et aussi au nom de l'équité sociale à laquelle les Français sont tant attachés.

Pour des raisons financières d'abord, car le système sera maintenu à flot si et seulement si la croissance augmente plus vite que les pensions. Et ça, personne n'est capable de le garantir.

Ensuite pour des raisons éthiques. Ceux qui nous expliquent que la réforme Macron est antisociale voudraient en réalité faire oublier que le système actuel, bâti au lendemain de la Seconde Guerre mondiale, a fait la bonne fortune des agents de l'État et du public au détriment des salariés du privé. La retraite est sans doute la plus grande conquête sociale du XXe siècle, mais elle est aussi la plus inéquitable. Nous avons une chance historique de la sauver, à condition de changer de système pour aller vers un modèle plus juste. Non seulement les conditions d'accès à la retraite sont actuellement différentes entre les employés français du secteur public et les autres, mais le taux d'effort des employeurs du public est très supérieur à celui des entreprises du privé, au détriment des contribuables. Le taux de contribution de l'employeur est de 75 % pour les agents de l'État et de moins de 10 % dans le secteur privé.

Allons directement au fait ! On nous a dit et répété que les conditions d'accès à la retraite convergeaient depuis quelques années entre salariés du public et du privé : temps de cotisation, âge de départ, etc. Soit ! Encore que cette convergence soit très insuffisante, mais la véritable différence entre les uns et les autres n'est pas là. Il n'existe pas de caisse de retraite des fonctionnaires. L'État est payeur en dernier recours. Il garantit les pensions de ses agents au prix d'une dette implicite de 2 400 milliards d'euros, notamment auprès du personnel qu'il s'est engagé à rémunérer pendant sa vie de travail puis pendant sa retraite. Comment le fait-il ? En versant une subvention d'équilibre de plus de 40 milliards d'euros chaque année pour payer la différence entre le montant des cotisations et le volume des pensions à servir. Cette enveloppe est puisée dans les caisses du Trésor. Elle est abondée par nos impôts. C'est la part dite non contributive de la retraite des fonctionnaires et des agents des entreprises publiques.

La France, République sociale piquée d'égalitarisme, peut-elle accepter plus longtemps un système aussi injuste ? La réforme systémique par points permettra de corriger les anomalies de fonctionnement du système actuel. C'est sans doute notre dernière chance de sortir d'une des impasses de notre « démocratie sociale » !

Notre modèle de retraites s'est en effet accommodé des injustices entre Français d'une même génération, mais aussi entre Français de générations différentes. Nous devons prendre acte que notre modèle productif a changé au fil des décennies avec des conséquences évidentes sur notre capacité collective à distribuer des pensions élevées dans un pays où nous vivons de plus en plus vieux ! Là encore, dernière chance ! On a beaucoup parlé en 2018, à la suite de l'émergence des Gilets jaunes, de la fracture territoriale. Mais qui se soucie de la fracture générationnelle ? Les bénéficiaires en sont les baby-boomers qui, durant les Trente Glorieuses, ont cumulé toutes les chances : des années de croissance ininterrompues, le plein emploi et des salaires indexés sur une inflation qui dévorait chaque année la valeur monétaire de leurs emprunts immobiliers. « Les baby-boomers ont utilisé la dette publique pour se constituer un patrimoine privé colossal ; ils vont tout faire pour éviter le rééquilibrage qui s'impose entre les actifs et les retraités », estime Hakim El Karoui, l'ancienne plume de Jean-Pierre Raffarin, dans *Les Échos* du 12 octobre 2018.

Ces Français aujourd'hui à la retraite bénéficient souvent de très belles pensions. Ils disposent aussi de revenus additionnels : épargne financière, épargne immobilière. Comme le rappelle Jean-Hervé Lorenzi, président du Cercle des économistes, 60 % de l'épargne en France (mobilière et immobilière) se trouve entre les mains de personnes de plus de 60 ans[1] ! Leurs revenus, entendus au sens large, sont souvent bien plus élevés que ceux des actifs, y compris des surdiplômés en début de carrière.

1. Jean-Hervé Lorenzi, président du Cercle des économistes, invité de l'émission « PerriScope », sur LCI, le mercredi 19 décembre 2018.

Loin de moi l'idée de les blâmer. Ils n'ont volé personne, travaillant bien plus de 35 heures par semaine. Leurs cotisations ont servi à payer les pensions de leurs aînés. Mais de grâce, qu'on ne nous fasse pas pleurer sur le sort des retraités français. Ils sont, en moyenne, les plus riches d'Europe.

Henri Sterdyniak, économiste à l'OFCE, membre des « Économistes atterrés », pourtant marqués à gauche, rappelle que le « taux de pauvreté des retraités (7,3 % en 2015) est nettement plus faible que celui de l'ensemble de la population (14,2 %)[1]. L'Iref (Institut de recherche économique et fiscale) estime dans un rapport publié en 2018, sous la plume de Laurent Pahpy, que « la France est le seul pays de l'OCDE dans lequel les revenus des plus de 65 ans sont supérieurs à la moyenne de la population nationale (OCDE, 2018) ». Fin 2018, on recensait en France 14,35 millions de retraités[2] inscrits à la Cnav au régime des salariés de droit privé. Plus de 17 millions de personnes percevaient une pension de droit direct ou dérivé (réversion) fin 2016. Parmi celles-ci, 2 millions vivaient hors de nos frontières. Le Portugal, par exemple, a mis au point un dispositif d'exemption fiscale très incitatif pour les étrangers. Les retraités français en ont beaucoup profité.

Les pensions forment l'essentiel des revenus des retraités (77 %), mais certains perçoivent aussi des revenus sur

1. Henri Sterdyniak et Gérard Cornilleau, *Vers une grande réforme des retraites ?*, Variances, 2018.
2. Laurent Pahpy, « Retraites : épargner (pour) les générations futures. Les réussites de l'épargne retraite dans le monde », https://fr.irefeurope.org, 13 novembre 2018.

un capital souvent immobilier (17 %), alors que d'autres (6 %) les cumulent avec un emploi, soit par nécessité pour une part marginale, soit par choix pour les deux tiers d'entre eux. Cette situation s'apprécie à l'échelon individuel, selon la DREES[1]. Or, quand dans un couple les deux personnes sont retraitées, la part des retraites représente 90 % des revenus du foyer.

Je n'oublie pas les petites retraites. Il en existe. Pour elles aussi, il est plus que temps de changer de modèle. La réforme en cours permettra d'augmenter très sensiblement les pensions des plus modestes, contrairement à ce qui est souvent dit. Toutefois, il faut en revenir aux fondamentaux : ceux qui ont peu cotisé, ceux qui ont préféré orienter leur épargne vers d'autres produits, ceux qui ont caché leurs revenus, tous ceux-là ne peuvent s'en prendre au système. Et pas davantage les veuves de commerçants ou d'artisans qui ont travaillé gratuitement ou en acceptant d'être payées au noir ! Soyons un peu rationnels. On ne peut en vouloir au système quand on a cherché à lui échapper ! La retraite représente un modèle de solidarité intergénérationnelle, mais c'est en cotisant que l'on y gagne des droits. Comme le dit malicieusement Frédéric Sève, le négociateur de la CFDT : « Le temps libre gagné au cours d'une vie, c'est beaucoup plus la retraite que les 35 heures[2] ! » Enfin, quand on parle

1. Direction de la recherche, des études, de l'évaluation et des statistiques.

2. Rencontre et entretien personnel, vendredi 7 décembre 2018. Professeur de sciences économiques et sociales, secrétaire national de la CFDT, Frédéric Sève est le « Monsieur retraites » du syndicat.

retraite, nul ne peut passer sous silence le poids exorbitant des régimes dits « spéciaux », dont ceux de l'EDF, de la SNCF et de la RATP, qui coûtent chaque année à eux seuls 6 milliards à la communauté et sont une insulte à l'égalité républicaine. Il est tard, bien tard, mais il est encore temps d'actualiser la situation de ces régimes, dans la mesure où les conditions de travail ont beaucoup changé dans des secteurs comme le transport ou l'énergie.

La réforme Macron devrait aligner les régimes spéciaux sur les règles du régime général, qui va basculer vers un système par points. Fini les assiettes de calcul différenciées entre public et privé. La France s'oriente vers un régime où chaque journée travaillée pèsera d'un poids égal. Le système des vingt-cinq meilleures années, ainsi que celui, très avantageux, des retraites de la fonction publique, calculées sur les six derniers mois d'activité, va disparaître. On calculera désormais les droits sur l'ensemble des carrières en tenant compte des interruptions d'activités. Elles seront compensées par la contribution des plus chanceux, de celles et ceux qui ont connu des parcours réguliers.

La réforme promise par le président Macron rompt avec les ajustements du passé, et toutes ces réformes présentées comme « paramétriques » : on changeait une ou deux variables, tel le temps de cotisation ou l'âge de départ, et on se contentait de bricolage économique, sans pour autant sauver le système dans son ensemble. La remise à plat des multiples régimes français offre un point de vue imprenable sur les arrière-cuisines de certains d'entre eux. Celui de la Sécurité sociale vit sans disposer de réserves et reverse chaque mois aux pensionnés les cotisations perçues des actifs le mois précédent. Un mauvais esprit pourrait parler à son propos de « cavalerie » dans laquelle on emprunterait indéfiniment pour rembourser les créanciers précédents, sur le modèle de la « pyramide de Ponzi ». En revanche, le régime des professions libérales a accumulé 27 milliards de réserves, et celui des cadres et des salariés Agirc-Arrco plus de 70 milliards (juin 2019). Ces régimes par points existants fonctionnent tous sur le mode de la répartition. Leurs réserves ne sont rien d'autre que des fonds de roulement. On ne saurait donc les assimiler à une forme de capitalisation. En France, la redistribution est obligatoire, mais il existe des fourmis et des cigales…

Sur le plan de ses principes, la réforme Macron pourrait représenter un progrès démocratique et économique sans précédent. Sera-t-elle pour autant la panacée ? Lors d'un séminaire tenu en 2009, les dirigeants de la Cnav (Caisse nationale d'assurance vieillesse) avaient justement fait remarquer que le modèle actuel repose sur trois variables : la durée de cotisation, l'âge de départ et le salaire annuel moyen. « Quand on bouge un paramètre, le cotisant peut se refaire sur les deux autres, avait alors lancé un cadre de la Cnav ; [tandis que] avec le régime par points, il n'y a plus de parachute. » La bataille autour de la valeur du point sera décisive. Or, selon Philippe Pihet, secrétaire confédéral de Force ouvrière, l'État veut une réforme à enveloppe constante. Il est hors de question de sortir des 14 % de valeur du PIB que représentent les pensions de retraite[1] – davantage que dans n'importe quel autre pays !

1. Entretien avec M. Pihet, mardi 18 décembre 2018.

Au début de l'année 2019, alors que des Français, à travers le mouvement des Gilets jaunes, s'insurgeaient contre une augmentation des impôts, les services de l'État ont publié une étude sur l'affectation des ressources. Résultat : sur 1 000 euros de dépenses publiques, la plus grosse part revient à la protection sociale, dont 268 euros pour financer notre système de retraite, soit 46 % des dépenses totales de protection sociale, qui elles-mêmes représentent 32,9 % du PIB, nous plaçant au premier rang mondial ! Les patrons ont pris l'habitude de parler de charges sociales trop élevées. Concernant la retraite, il s'agit de cotisations pour un revenu différé que les Français percevront pendant leurs vieux jours. Le mot charge exprime plutôt l'esprit d'un système d'assistance. Les prestations sont payées par l'impôt. C'est une charge sans que les bénéficiaires directs y aient contribué. Les droits sociaux sont acquis par des cotisations puisqu'il s'agit d'assurance. La tentation est grande, pour Emmanuel Macron, de basculer progressivement vers un système d'assistance qui traduirait aussi une certaine forme de nationalisation de la solidarité. Au point de départ, les cotisations ont été imaginées pour que chaque individu puisse être autonome, pour faire en sorte qu'il ne dépende pas des autres. Cette idée de l'autonomie des individus aura été le grand message de Léon Bourgeois et des thèses sociales du XIXe siècle.

La réforme des retraites ira-t-elle à son terme ? Sera-t-elle édulcorée sous les coups de la « colère sociale » dont les cortèges rageurs et râleurs interdisent en France la moindre tentative de réforme ? Les leçons de l'Histoire que nous évoquons dans ce livre n'incitent pas à l'optimisme. Pourtant, l'échec de la réforme serait dramatique pour la France, qui risquerait alors de rester à quai, regardant passer le train du progrès économique et social lancé à toute allure sur les rails de la mondialisation. Car la retraite à la française que veulent maintenir à tout prix les conservateurs de droite et de gauche est un système non seulement à bout de souffle mais totalement injuste. Cet égalitarisme forcé dont on nous rebat les oreilles sert en fait de paravent aux injustices les plus criantes qui dressent les Français les uns contre les autres. Et si l'heure était enfin venue de remplacer l'égalité par l'équité ?

Le président de la République peut encore modifier quelques détails de son projet de départ. La réforme ne se bâtira pas contre un front syndical unanimement hostile. Le soutien des réformistes est indispensable pour faire aboutir le changement de modèle, même si les marges de manœuvre économiques sont limitées. Le 26 août 2019, invité du JT de France 2, Emmanuel Macron a fait un pas de côté et a annoncé, pour rallier à son projet la CFDT, que la durée de cotisation pourrait se substituer à l'âge d'équilibre à 64 ans, ce qui était pourtant la recommandation du haut-commissaire Jean Paul Delevoye, pressenti pour devenir ministre « des retraites » à l'heure où nous écrivons ces lignes. Ce changement de pied crée en réalité plus de problèmes qu'il n'apporte de réponses aux revendications des syndicats et aux craintes des Français. Si la durée de cotisation devait rapidement être fixée à 172 trimestres, soit 43 ans comme l'exigeraient les règles de bonne gestion, les jeunes qui entrent dans la vie active à 25 ans partiraient en retraite à 68 ans. Où est le progrès ? La durée de cotisation favoriserait ceux qui sont entrés jeunes dans la vie active et pénaliserait ceux qui ont fait de longues études, à moins de bonifier les années d'études sans contribution des bénéficiaires et ceux dont les carrières ont été interrompues par les événements de la vie.

Le dossier des retraites est rempli de chausses trappes et d'impasses. Il faudra du courage pour aller au bout de cette réforme de la dernière chance. Le président de la République ne pourra consentir que des amendements secondaires s'il entend garantir les équilibres financiers de court comme de long terme.

Quoi qu'il en soit, l'évolution démographique se chargera de nous ramener au réel. On peut truquer les chiffres, on peut noyer les déficits dans l'impôt, on peut afficher de bonnes intentions, la démographie, elle, ne ment pas. Au mois de juin 2019, le recensement de l'Insee rappelait que plus de 13 millions de Français ont plus de 65 ans. En 2070, ils seront plus de 22 millions. La part des plus de 75 ans devrait doubler et celle des plus de 85 ans, quadrupler. Phénomène démographique inédit dans notre histoire, la proportion de Français de plus de 65 ans va dépasser celle des Français de moins de 20 ans. Une des deux mâchoires se referme sur notre modèle de retraite. L'autre mâchoire, c'est la faiblesse de notre productivité, laquelle mesure la quantité de production du travail et du capital. Quand la production augmente en volume et surtout en valeur avec la même quantité de travail et de capital, on dit que la productivité progresse. C'est elle qui permet de dégager des marges pour financer notre modèle social exigeant. Or, la France est en panne de productivité. La faute à un niveau général de formation et de qualification insuffisant. On peut ici parler d'un « effet ciseaux » : pas assez de cotisants dans l'avenir et pas assez de productivité pour financer les besoins croissants de notre modèle social.

Ultime précision utile dans ce débat, la population active du pays devrait passer de 29,8 millions d'actifs à 32 millions en 2070 selon l'Insee. C'est dire que les marges de manœuvres sont étroites. Dans ces conditions, la question de l'âge de départ n'a pas de sens. Le dernier rapport du COR (Conseil d'orientation des retraites) évacue ce débat en expliquant que l'âge de départ passera mécaniquement de 62 ans en 2018 à 64 ans vers 2040, « à législation inchangée, sous l'effet des réformes passées et du recul de l'âge d'entrée dans la vie active ».

Âge légal, âge pivot, âge d'équilibre… les mots ont peu d'importance. L'idée d'un âge repère s'imposera d'elle-même. Prenons le cas d'un taux de remplacement raisonnable à 75 % du dernier salaire : chacun pourra être informé en temps réel de sa trajectoire personnelle vers la liquidation de ses droits en fonction de son temps et de son niveau de cotisations. Comme le rappelle avec justesse le patron de l'Institut des politiques publiques Antoine Bozio, « c'est le niveau des pensions rapporté à l'âge de liquidation qui fait l'équilibre[1] » !

Les variables démographiques et économiques s'imposeront au débat très idéologique qui empoisonne l'espace public.

Les projections démographiques nous adressent une mise en garde. Le courage consiste à en tenir compte. Il faut se préparer à un nouveau monde, résultat du progrès,

1. *Les Échos*, 8 juillet 2019.

de la médecine de précision, d'une alimentation plus saine. C'est un héritage précieux qu'il ne faut pas noyer dans des débats polémiques. Emmanuel Macron prend le risque d'une réforme impopulaire mais nécessaire. C'est un changement de pied considérable qui prépare la société du vieillissement dans laquelle nous serons tous un jour retraités et sans doute pour longtemps.

Cette réforme aurait dû être entreprise depuis longtemps par les gouvernements précédents. Michel Rocard, Premier ministre en 1990, en était déjà conscient. Il la déclarait à la fois économiquement indispensable et politiquement impossible car elle risquait selon lui de « faire sauter six ou sept gouvernements ». Faut-il pour autant accepter les yeux fermés toutes les propositions contenues dans l'actuel projet de réforme ? Certes non. Il est légitime qu'elles soient négociées pied à pied par les syndicats et discutées par l'ensemble des citoyens, qui sont tous concernés.

Mais aucune discussion n'est possible sans bien connaître le dossier. Ce livre a pour ambition de comprendre le passé, de mesurer le présent et d'anticiper l'avenir de nos retraites. Chacun se fera son opinion. Mais nul ne pourra dire qu'il ne savait pas.

Nos retraites sont en péril. Et la réforme qui s'annonce représente sans doute la dernière chance de les sauver.

1
50 NUANCES DE RETRAITÉS

D'un point de vue macroéconomique, la retraite représente un service quatre étoiles auquel la France consacre une part prépondérante de sa dépense publique. L'univers de la retraite est cependant encore plus inégalitaire que celui du travail car il n'offre aucune solution de secours. Le retraité peut toujours en théorie reprendre un travail, à temps partiel ; mais en général celui qui reçoit une faible pension n'est plus en état, physique ou psychologique, de travailler. Au royaume des inégalités, heureux les agents de l'État et des grandes entreprises qui bénéficient de régimes vraiment très spéciaux... Les statistiques et les ratios apportent une vue d'ensemble.

Voici pour commencer quelques portraits de retraités très différents les uns des autres, d'hommes et de femmes ayant exercé divers métiers, titulaires ou non de statuts reconnus. Leurs itinéraires de vie professionnelle et leurs choix personnels ont pesé dans leur situation de retraités. Ils et elles sont quelques-uns des visages de la France d'hier, d'aujourd'hui et de demain.

Jean-Claude, ou l'aisance du baby-boomer

Jean-Claude est né en 1934 dans le Sud-Ouest, d'un père ouvrier et d'une mère sans profession. Âgé de 5 ans lorsque la guerre éclate, il la vivra protégé, en zone Sud, dite « libre », jusqu'à son occupation par les Allemands à partir du 11 novembre 1942. La famille de Jean-Claude possédait ses réseaux d'approvisionnement. Lui et sa sœur n'ont pas subi les lourdes restrictions alimentaires des villes. Il fallait cependant économiser le beurre, la volaille, le sucre, selon les périodes. La guerre représente une épreuve psychologique pour les enfants de moins de 10 ans. Jean-Claude ne l'oubliera jamais. Il jouira pleinement des années de reconstruction, son âge adulte coïncidant avec les Trente Glorieuses. Jean-Claude, bon élève, réussit son certificat d'études, mais ses parents sont sans le sou. Pas question d'aller plus loin. Dommage, le garçon avait des dispositions. Il était le meilleur élève de sa classe en orthographe. À cette époque où tout paraît possible, la vie va lui offrir une seconde chance. Son goût pour l'écriture et pour les lettres l'oriente vers des études de typographe.

À 17 ans, diplômé, il plonge dans le grand bain de la vie professionnelle en région parisienne, avec un salaire modeste, un petit logement meublé, les premiers copains et la première carte syndicale. La période est prospère, l'offre de travail abondante. On change d'employeur pour quelques billets de plus. La France, après avoir été dévastée, elle est certes revendicative et exigeante mais résolument positive et optimiste. Jean-Claude rencontre Christiane, la femme de sa vie, dans un bal parquet du département de la Seine-et-Oise. Christiane s'occupera du foyer, selon la mentalité de l'époque – le salaire de Jean-Claude le permet.

Les jeunes mariés vivent d'abord en location puis deviennent propriétaires à la fin des années 1950 d'un petit deux-pièces sans grand confort. Une baignoire sabot et un poêle à charbon… La croissance appelle de nouvelles compétences. Les promotions professionnelles sont distribuées aux plus méritants et aux plus courageux. Dans cette France enfin heureuse, malgré la guerre d'Algérie, on ne travaille pas 35 heures par semaine. Les grandes entreprises, qui se développent, assurent une production de masse dans la nouvelle société de consommation. Les salaires augmentent régulièrement et l'inflation grignote les emprunts, notamment immobiliers, en réduisant la valeur des mensualités. Jean-Claude échappe de justesse à la mobilisation, et grimpe les échelons dans l'entreprise. Le petit logement des débuts a cédé la place à une villa de banlieue dotée d'un petit jardin. Les enfants sont arrivés ; Christiane se consacre totalement à leur éducation.

La France pavillonnaire incarne l'ascension des classes moyennes. Les régimes complémentaires de retraite sont nés, avec Agirc-Arrco. La base contributive est large, alimentée par la croissance constante. Jean-Claude appartient à cette France qui profite de l'eldorado économique et social que Jean Fourastié décrira dans *Le Grand Espoir du XXe siècle* et *Les Trente Glorieuses*. La productivité augmente, la concentration du capital aussi, qui stimule l'innovation. Le progrès technique est au rendez-vous et les Français le plébiscitent. Quelques voix comme celles des penseurs chrétiens Jacques Ellul et Bernard Charbonneau mènent une critique documentée de la technique. Ils affirment que la technologie cache une nouvelle idéologie, productiviste et dominatrice, aliénante pour les individus. Mais l'heure n'est pas encore à l'écologie…

Le marché avance ; toutefois, sous l'autorité du général de Gaulle, les mœurs politiques restent rigides. La jeunesse française, après la guerre d'Algérie, s'étourdit dans la société de consommation, au rythme des succès de Johnny Hallyday. Elle veut une liberté intégrale mais bute encore sur le verrouillage des médias, sur une société trop hiérarchisée, des élites isolées (déjà). Mai 68 fait ressentir le grand frisson de la « révolution ». La crise se termine par une augmentation de 10 % du Smig (salaire minimum interprofessionnel garanti) mais, aussitôt, le franc est dévalué. On reprend d'une main ce qui a été donné de l'autre. Les années 1970 seront marquées par le début d'une crise encore acceptable, la situation se détériorant progressivement. La gauche arrivera au pouvoir en 1981 et le gouvernement de Pierre Mauroy instaurera la retraite à 60 ans. Jean-Claude en profitera pleinement quand, en 1996, il quittera la vie active, qu'il a prolongée de 2 ans après la borne des 60 ans parce qu'il est encore en forme et que les années additionnelles arrondissent sa pension. Jean-Claude entre-temps a franchi les échelons, changé d'employeur et terminé sa carrière avec un salaire de cadre des industries graphiques, de l'ordre de 25 000 francs par mois.

Les enfants sont élevés, on vend la maison de banlieue, qui a pris de la valeur, et le couple retourne vivre dans le Sud-Ouest, avec la retraite du mari, 20 000 francs par mois soit un peu plus de 3 000 € au moment du changement d'unité monétaire, retraite qui s'ajoute à une épargne patiemment acquise. Cette retraite est très suffisante pour mener une vie confortable, gâter les petits-enfants en passe de devenir adultes. Jean-Claude vivra pendant 22 ans à la retraite, son épouse 10 années de plus : 42 ans de cotisations, 22 ans de revenu de remplacement et 10 ans de réversion. C'est une situation unique au monde. Les retraités de la génération de Jean-Claude ont connu l'âge d'or. Leur situation a durablement imprimé l'opinion française, qui l'a crue éternelle. C'est oublier un peu vite la formidable période de croissance des Trente Glorieuses, la démographie favorable. Nous avons pensé collectivement que les belles années étaient la règle. Elles étaient l'exception, et c'est sur ce mythe que prospéreront les revendications des générations suivantes.

Thérèse, 78 ans, retraitée sans le sou

Thérèse a plus de 78 ans. Elle a occupé pendant une dizaine d'années un emploi salarié, puis elle a rejoint l'entreprise artisanale de son mari pour lui apporter son aide, réduire ses charges d'exploitation et accompagner son développement. L'entreprise de plomberie-chauffage a prospéré des années 1960 aux années 1990. Les affaires étaient bonnes et le travail abondant. Le couple s'est activé sans compter. Thérèse s'occupait de la comptabilité et de l'administration de l'entreprise, son mari pilotait les chantiers. Elle fait partie de cette génération d'autodidactes qui, le plus souvent, ont appris sur le tas et qui ont assumé leurs tâches avec rigueur et régularité.

À l'apogée de son activité, la société employait une quinzaine de collaborateurs. Le couple, étant propriétaire, avait prévu de la revendre pour réaliser une bonne affaire financière et ainsi préparer ses vieux jours. Pendant plus de 20 ans, Thérèse s'est très peu payée… quand elle se payait ! On se disait à l'époque que la valorisation de l'actif assurerait des vieux jours confortables. Les artisans et commerçants ont peu pensé à leur protection sociale, gérée à part de la Sécurité sociale. Absorbés par l'activité en temps réel, ils ont peu cotisé et mal protégé le conjoint collaborateur.

Au moment de céder son activité, le mari de Thérèse n'a pas immédiatement trouvé de repreneur. La concurrence était vive sur ce marché et de nouveaux acteurs, parfois venus d'Europe de l'Est, cassaient les prix. Thérèse et son mari ont ainsi vu disparaître le vieux monde des artisans. Menuisiers et poseurs d'huisseries, peintres et tapissiers, chassés par les travailleurs polonais et roumains, artisans contestés par de nouveaux entrants sur le marché. La concurrence a fait baisser les prix et rendu les profits moins abondants. Pour résumer, la cession de l'entreprise s'est révélée moins favorable que prévu. Il a fallu dès lors se retourner vers la caisse de retraite des artisans.

Hélas, comme tant d'autres, le mari de Thérèse avait peu cotisé, préférant réduire son propre salaire pour doper le résultat de son entreprise. De surcroît, la retraite des artisans n'est pas la plus généreuse de France. Le couple s'est ainsi retrouvé avec des revenus plus que modestes. Thérèse présentait une carrière à trous ! Elle n'avait droit à presque rien.

Thérèse est très représentative de ces femmes qui ont travaillé auprès de leur époux ou, à l'inverse, qui ont porté et élevé les enfants du couple avant de reprendre, souvent dans de mauvaises conditions, leur vie professionnelle. Dans ces familles d'entrepreneurs ou d'artisans, on se consacrait d'abord au travail, quitte à négliger l'avenir. L'imprévoyance a été la règle et elle alimente les frustrations des retraités modestes d'aujourd'hui. Au décès de son mari, Thérèse a perçu une très faible pension de réversion en plus de la sienne propre, à peine symbolique. Ni Thérèse ni son mari n'avaient souscrit de contrat complémentaire. Pour les indépendants et les professions libérales, les contrats Madelin permettent de constituer une épargne de précaution versée soit sous forme de capital, soit sous forme de rente viagère. Mais cette épargne s'est encore peu développée, en dépit des avantages qu'elle offre à ses titulaires. Thérèse touche aujourd'hui une pension mensuelle juste au-dessus de la barre des 1 000 €, à peine supérieure au minimum vieillesse, revalorisé par les dispositions Macron suite au mouvement des Gilets jaunes.

L'Aspa (allocation de solidarité aux personnes âgées) remplace le minimum vieillesse depuis 2016. Cette allocation bénéficie en France à 600 000 personnes dont le revenu annuel est inférieur à 9 998,40 € par an pour un célibataire et 15 522,54 € pour un couple. Il faut être âgé de plus de 65 ans, avoir liquidé ses droits à la retraite et résider en France. Désormais seule, Thérèse est confrontée à des charges de vie élevées par rapport à sa pension. Elle a utilisé ses quelques économies pour aider son fils à s'installer. Elle a reçu douloureusement les mesures du début 2018 sur l'augmentation de la CSG pour les retraités, au prétexte que ceux-ci avaient une situation de rente favorable. Emmanuel Macron avait statistiquement raison, mais on ne gouverne pas avec des tableaux de bord.

Comme 7 millions de retraités, souvent des femmes bénéficiaires de la réversion, Thérèse ne se sent pas représentée dans les statistiques. Elle se réjouit de la réindexation de sa pension sur l'augmentation des prix. Ses dépenses contraintes, gaz, électricité, transport, ont augmenté beaucoup plus vite que l'inflation. Son revenu net disponible s'est effrité. Ce recul entretient un sentiment de déclassement à l'issue d'une vie de labeur qui s'achève quasiment dans la pauvreté. Thérèse dépense progressivement son petit capital. Elle fait de son mieux pour en conserver une partie. Son obsession ? La dépendance. Comment terminer sa vie sans moyen, quand les charges du grand âge augmentent elles aussi ? Elle ne se plaint pas, mais quand on lui parle de la précarité qu'on imposerait aux agents de l'État et des grandes entreprises publiques, elle sourit. Et pour cause !

Toutefois, Thérèse connaît pire que sa propre situation. Celle d'une de ses voisines, plus jeune, divorcée à l'âge de 60 ans. Quand cette situation, de plus en plus fréquente, se présente, non seulement les charges fixes augmentent mais on est privé des revenus du foyer. Il faut se contenter d'une pension de réversion dans le meilleur des cas et sous certaines conditions de ressources. Les femmes retraitées et divorcées sont trois fois plus exposées que les autres au risque de revenus inférieurs à 1 100 €.

Francis et Michel, jeunes retraités du rail

Le cas de Francis, cadre moyen à la SNCF, est moins préoccupant que celui de Thérèse. Notre jeune retraité a accompli toute sa carrière dans le rail. Fils de cheminot, il n'a eu aucun mal à accéder au statut paternel. Pendant longtemps, les « enfants du rail » qui le souhaitaient ont pu compter sur un droit naturel de préemption, bénéficiant d'un emploi à vie. Francis est entré à la SNCF avec un CAP de chaudronnier et, au gré de ses mutations, il a franchi les étapes et ainsi accédé à des fonctions de maîtrise, puis d'encadrement intermédiaire. La SNCF lui a offert des progressions de carrière moyennes mais régulières, comme à nombre de ses employés.

Des dizaines de milliers de personnes sont ainsi montées en grade, patiemment mais régulièrement. Selon la tradition toujours en vigueur, au cours des tout derniers mois de carrière, on franchissait une étape supplémentaire pour gagner un galon et partir en retraite dans de meilleures conditions. Francis a bénéficié d'un siècle et demi d'histoire sociale. En effet, les compagnies de chemin de fer ont été les premières, avec celles des mines, à offrir une retraite à leurs employés et, en 1909, un vaste conflit social a gravé dans le marbre les droits des cheminots de toutes les compagnies de transport ferroviaire.

Au lendemain de la Seconde Guerre mondiale, le parti communiste et la CGT, ayant fait main basse sur les entreprises d'État, ont imposé au général de Gaulle des droits sociaux exorbitants. On nous rabâche que la France d'après-guerre a inventé des droits sociaux pour tous, dont le droit à la retraite ! On oublie de dire que le taux des pensions représentait l'équivalent de 30 % des salaires dans le privé, c'est-à-dire très en dessous de celles versées aux agents d'État et aux salariés des grandes entreprises nationales du secteur public.

Cette « aristocratie ouvrière », selon la définition de Karl Marx dans *Le Capital*, constitua pendant longtemps une solide base électorale pour les partis de gauche. À son sommet trônaient les conducteurs de train et autres « roulants ». Dans la mémoire glorieuse de la Résistance, on exaltait la « bataille du rail » menée par les cheminots contre l'Occupant nazi. Et l'on imagina longtemps le cheminot sous les traits de Jean Gabin dans le film de Jean Renoir, *La Bête humaine*, d'après le roman de Zola. Les conditions de travail éprouvantes qui ont perduré jusqu'au milieu du XXe siècle ont justifié des compensations légitimes qui, avec le temps, se sont transformées en privilèges.

Michel fait partie de ceux qui en bénéficient encore. Né en 1961, il est devenu conducteur de train à l'âge de 23 ans en 1984. Il a pris sa retraite en 2011, à 50 ans après seulement 27 années de cotisation, soit 108 trimestres. Michel a terminé sa carrière avec un salaire d'environ 3 000 € net. Depuis 8 ans, il touche chaque mois 2 200 € de pension, qu'il complète grâce à des travaux de bricolage et de peinture rémunérés. Aujourd'hui âgé de 58 ans, ce jeune grand-père cyclotouriste peut espérer vivre au moins jusqu'à 90 ans, à l'issue d'une quarantaine d'années d'une retraite bien plus longue que ne le fut sa vie active.

D'une générosité extrême, le régime de retraite des cheminots est lourdement déficitaire : qu'importe, le régime général bouche les trous. Pourtant, les meilleures choses ont une fin. Et les réformes de la dernière décennie ont réduit l'écart entre les salariés du privé et ceux de la SNCF, notamment pour les « sédentaires » nés après janvier 1968. Ils ne pourront partir qu'à l'âge canonique de 57 ans, s'ils ont cotisé 168 trimestres, soit 42 annuités. À défaut, une décote de 1,25 % par trimestre manquant leur sera appliquée sur un maximum de 18 trimestres. Pour les roulants, 166 trimestres cotisés sont désormais requis, soit 41,5 annuités. Ces nouvelles règles maintiennent le principe d'une retraite précoce, à 57 ans, pour les cheminots, 5 ans plus tôt que pour les salariés du régime général. Mais en réalité elles se traduisent par une fin d'activité de plus en plus tardive. Peu de cheminots actuels ayant commencé à travailler à 16 ans peuvent partir en retraite à 57 ans. Selon les statistiques du COR (Conseil d'orientation des retraites) en moyenne, un roulant part en retraite à 53 ans (contre 50,5 ans en 2008), et un sédentaire à 57 ans (contre 55,8 en 2008).

Malgré ces modifications, les retraités des chemins de fer partent donc toujours plus tôt et dans de meilleures conditions que d'autres salariés. Pour une carrière complète, toujours en moyenne, un cheminot percevra 2 350 € bruts par mois, soit un peu moins que la moyenne des régimes spéciaux (2 600 € brut/mois) mais plus qu'un salarié du régime général (1 820 €, surtout s'il s'agit d'un homme). Le mensuel *Alternatives économiques*, très orienté à gauche, voire néokeynésien, explique une partie de l'écart à raison de la surreprésentation des hommes, 89 % à la SNCF contre 48 % dans les autres régimes de retraites. L'écart de fortune entre le retraité Francis et la retraitée Thérèse s'explique non seulement par leur différence de statut mais aussi par leur différence de genre. Francis, Jacques et tous leurs collègues partent en retraite plus tôt et dans de meilleures conditions.

Le taux plein de départ en retraite des agents de la SNCF est égal à 75 % du salaire des six derniers mois travaillés (les mieux payés). Dans le privé, la pension de base est calculée sur les 25 meilleures années. Une inégalité sociale qu'il ne faut pas ou plus ignorer. Pourquoi ? Parce que les avantages des uns, légitimes ou non, sont financés par l'effort de tous les autres. Jacques a choisi de faire carrière à la SNCF. Il en a subi des contraintes – travail des jours fériés, travail de nuit pour les roulants et les agents d'aiguillage –, qui ont longtemps justifié le statut spécial des agents de la SNCF. Doit-on le maintenir aujourd'hui ? La question se pose quand les ressources deviennent rares et le marché ouvert à la concurrence.

Âge d'ouverture des droits pour les agents sédentaires de la SNCF

Année de naissance	*Âge d'ouverture du droit à la pension*
Avant le 1er janvier 1962	55 ans
1962	55 ans et 4 mois
1963	55 ans et 8 mois
1964	56 ans
1965	56 ans et 4 mois
1966	56 ans et 8 mois
À partir de 1967	57 ans

Source : Libération

Alain et Gérard, fonctionnaires

Alain et Gérard ont vu le jour au milieu des années 1970 à Rodez, dans le département de l'Aveyron. Père contremaître, mère infirmière, une jeunesse sans histoire, un cursus de formation standard, des études supérieures à Montpellier ; les deux frères, à l'issue d'un itinéraire banal, ont trouvé l'un et l'autre la porte d'entrée de la fonction publique. Alain est devenu fonctionnaire à l'Assemblée nationale, son frère Gérard, lui, est fonctionnaire territorial dans une collectivité voisine du Massif central. Les deux frères partagent la même culture, le même esprit « service public » ; ils ont toujours voté socialiste et s'estiment l'un comme l'autre indispensables au pays. Mais Alain, selon son propre frère, bénéficie au Palais-Bourbon d'une « planque » qui lui accorde de nombreux avantages.

Le principal est le taux de cotisation de l'employeur, qui permet de calculer sa retraite sur la base de 154,8 % de son salaire hors primes, soit près du double des autres fonctionnaires, déjà très privilégiés par un système de cotisation supérieur à la moyenne. Il est vrai que l'activité des fonctionnaires de l'Assemblée colle au calendrier parlementaire. Ils peuvent être soumis à des rythmes de travail irréguliers, confrontés à des « fatigues exceptionnelles », par exemple au moment du vote du budget.

Avec Emmanuel Macron, élu président de la République en 2017 sur la base d'un calendrier ambitieux de réformes, l'Assemblée a beaucoup travaillé, y compris tard le soir et pendant des sessions nocturnes. Mais le stress des sessions parlementaires est compensé par de longues vacances. « Ce n'est pas la mine, reconnaît Alain, mais il faut accepter des semaines à 70 heures dans certains cas et respecter en toute saison une discrétion absolue. » 1 200 fonctionnaires travaillent à l'Assemblée, ils se partagent un budget salarial de 113 millions d'euros et sont épaulés par 160 contractuels pour 10 millions d'euros de salaires.

Pendant longtemps, la part indemnitaire représentait plus de 65 % du salaire. Depuis 2017, ces primes, qui gonflaient le revenu, ont été transformées en forfait. Les salaires sont désormais net/net (net de cotisation et net d'impôt).

Un collaborateur de base embauché à 3 700 € gagne en réalité 6 000 €. On comprendrait la surcotisation de l'employeur si les salaires des fonctionnaires de l'Assemblée étaient misérables ; c'est loin d'être le cas. Un conseiller hors classe est payé plus que le Premier ministre : 17 000 €/mois. Les « hauts gradés » sont rémunérés à des niveaux élevés : entre 14 000 et 19 000 €, mais le plus frappant est encore que l'entrée dans le métier se situe à des niveaux de salaire très au-dessus de la moyenne, quand ils ne sont pas deux fois supérieurs au salaire moyen français (2 250 €/mois).

À la retraite, la pension d'Alain sera très proche de son dernier salaire, en raison de la générosité de son employeur. Il répond à juste titre que ce privilège est « peu de chose » par rapport au statut des parlementaires eux-mêmes. En démocratie, heureusement, les élus ne sont pas employés à vie, mais ils profitent d'une retraite appréciable. Ils sont en effet affiliés à un régime spécial créé en 1904, tout comme les sénateurs, dont la caisse autonome a été fondée en 1905. Ces régimes ont été réformés en 2010, mais ils n'ont changé réellement qu'au 1er janvier 2018. Jusqu'à cette date, les députés cotisaient à hauteur de 10,20 % (713 €) de leur indemnité brute. Depuis 2018, ils cotisent à un taux proche de celui des fonctionnaires. Les sénateurs bénéficient d'un régime très favorable. 545 € de cotisation, soit moins de 10 % de leur indemnité de base. Dans les deux cas, les assemblées règlent la différence entre les cotisations et les pensions distribuées. En d'autres lieux, on parlerait de subventions d'équilibre[1]. La caisse de retraite

1. Le site retraite.com rappelle de surcroît cette étude qui dénonce les conditions de financement des régimes spéciaux

des sénateurs a toutefois réalisé de bons placements et elle se révèle plus efficace que celle des députés. En 2016, la pension moyenne d'un sénateur s'élevait à 4 467 € net, hors majoration pour enfants. Le site retraite.com évalue l'efficience de la mise de départ, égale pour tous, c'est-à-dire le taux de rendement par cotisant. Dans la colonne de droite, le rendement pour un euro cotisé.

Pour 1 € cotisé

Salarié du privé	1,50 €
Fonctionnaire	2 €
Parlementaire	6,10 €

Les parlementaires ont dû répondre à la bronca de l'opinion sur leur protection sociale « trois étoiles ». Le statut des fonctionnaires du Palais-Bourbon, lui, a peu évolué. L'Assemblée ne le justifie pas. Elle se mure dans le silence et se garde bien de publier un bilan social.

Alain n'a pas de soucis à se faire pour ses vieux jours. Retraite et mutuelle médicale seront à la hauteur. Son frère Gérard n'est pas non plus à plaindre. Il est certes moins bien rémunéré, mais son temps de travail hebdomadaire est plus proche des 30 heures que des 35 heures en moyenne. Il pourra faire valoir ses droits à la retraite à 60 ans, avec pension complète. S'il avait pu justifier de

des parlementaires. Les cotisations ne couvrent que 12 % des prestations. L'État fait voter une subvention… par les députés eux-mêmes pour financer le déficit chronique de ce régime. Environ 50 millions d'euros sont financés par les contribuables. Sur les 2 700 € net de pension moyenne payée aux députés, 2 376 € le sont par les Français et non par leurs cotisations.

15 années de catégorie dite active comme certains de ses collègues engagés sur des chantiers extérieurs, il serait déjà parti à l'âge de 55 ans. Il bénéficiera d'autres avantages précieux. Comme tous les fonctionnaires, il a cotisé à la RAFP (retraite additionnelle de la fonction publique).

Ce régime par points, créé par la loi Fillon de 2003, est alimenté par des cotisations prélevées sur les primes. Il complétera sa pension de base. La RAFP a été créée pour élargir l'assiette de cotisation des fonctionnaires soumis au régime des primes. Les collègues de Francis, contractuels de la fonction publique, ont cotisé à l'Ircantec (Institution de retraite complémentaire des agents non titulaires de l'État et des collectivités publiques). De quoi faire réfléchir au passage sur le statut de contractuel de la fonction publique. Les avantages de la fonction publique y ont été incorporés. Les non-fonctionnaires ne sont donc pas, de ce point de vue, exposés à la précarité comme on l'entend régulièrement dans la bouche des syndicalistes !

Gaëlle et Kevin, enfants du XXIe siècle

Gaëlle et Kevin, nés en l'an 2000, appartiennent à la commmunauté des « *millenials* » ou des « 20-20 », puisqu'ils auront 20 ans en 2020, et au sujet desquels Bruno Patino ironise dans *La Civilisation du poisson rouge*[1]. Ils ont vu le jour six ans après le smartphone, objet iconique dont les premiers modèles ont été commercialisés en 1994. Kevin et Gaëlle ont grandi dans ce monde nouveau, digitalisé, connecté. Leur représentation

1. Grasset, 2019.

de leur propre vie est tournée vers le temps présent : l'immédiateté l'emporte souvent sur toute autre forme de projection.

Gaëlle suit des études générales de lettres. Elle nourrit des inquiétudes sur son avenir professionnel. Réussira-t-elle le concours des enseignants du second degré ? Elle le croit d'autant plus que le niveau d'exigence a été revu à la baisse. Quand les meilleurs se détournent d'une carrière d'enseignant dévalorisée et mal payée, les barrières d'entrée dans la profession s'abaissent mécaniquement. À défaut d'enseignement, les études de lettres de Gaëlle ne lui réservent que de minces débouchés.

L'Éducation nationale offre en revanche une perspective de carrière longue, peu rémunérée certes, mais sûre. Une fois dans la maison, on peut aussi grimper les échelons, devenir conseiller d'éducation, principal ou mieux encore. Pour reprendre une formule fameuse de l'ancien Premier ministre Jean-Pierre Raffarin, la route est droite, mais la pente est forte !

Pensent-ils à leur retraite ces jeunes « 20/20 » ? Leurs parents leur en parlent, mais ce qui leur importe, c'est avant tout le revenu immédiat, bien plus que le revenu différé. Quoi qu'il en soit, compte tenu du parcours de formation à réaliser, Gaëlle ne travaillera pas avant 2025, date de mise en œuvre de la nouvelle réforme par points. Quel que soit son métier – enseignante, libraire, cadre de la fonction publique ou salariée du privé –, elle cotisera pour son compte retraite dès sa première heure de travail et jusqu'à la dernière.

Abandonné, le régime spécial des enseignants de l'école publique ! La réforme Macron doit égaliser les parcours et le rendement des sommes investies. Gaëlle sera placée face à sa propre contribution et à ses propres responsabilités. En 2068, à l'issue de ses 43 années de cotisation, elle fera le compte des points accumulés sur son compte retraite et prendra connaissance de leur valeur. Une simple multiplication lui donnera accès au montant de sa pension. Une pension viagère ? Oui, sur le principe, mais la valeur du point deviendra variable en fonction de facteurs externes comme le taux de croissance, l'espérance de vie de la cohorte d'âge à laquelle elle appartient. La pension sera donc bien viagère, c'est-à-dire à vie, mais son montant pourra être réévalué à la hausse ou à la baisse.

En 2068, les pensions de réversion auront sans doute disparu. À défaut, elles auront perdu de leur poids financier dans le système (36 milliards en 2019). Transformées dans le sillage de la réforme par point, elles auront été remplacées par un « droit au maintien du niveau de vie ». Ces pensions avaient du sens dans un monde où les femmes ne travaillaient pas ou peu ; mais dans une société où l'accès à l'emploi est universel et où les écarts de salaire hommes/femmes se sont réduits, la réversion perd de son sens. Gaëlle comptera donc sur sa propre pension et, si son mari décède avant elle (dans le cas où elle aurait choisi de se marier), elle ne pourra pas compter sur un droit à la réversion, mais sur une fraction de son revenu de remplacement pour gagner seule 75 % des revenus dont le couple bénéficiait.

La logique de la retraite par points est une logique individualisée. Rétroactivement, Gaëlle conviendra sans doute que la retraite de ses parents et de ses grands-parents était généreuse. Elle admettra aussi que la retraite par points est un modèle équitable car si elle a gommé une partie de la dimension redistributive de l'ancien système, elle assure aussi la viabilité économique dans le temps de cette conquête sociale. Si elle est enseignante, Gaëlle pourra choisir un parcours à obstacles qui la conduira par exemple dans des zones d'éducation prioritaire où les salaires des enseignants sont améliorés grâce à un système de primes très incitatif. Depuis 2025, en effet, les primes sont prises en compte dans ce calcul de la retraite. C'est le revenu du travail dans toutes ses composantes qui constitue l'assiette des droits. Les libéraux y verront une contrepartie à la prise de risque, comme une récompense pour les plus audacieux. On ne peut vouloir plus d'équité et se plaindre des efforts accomplis par les plus méritants.

Kevin, lui, n'attendra pas 2025 pour entrer dans la vie professionnelle. Il a réussi un bac technique et s'est orienté vers une formation de chaudronnier. Les employeurs potentiels sont à la porte de son école professionnelle. Ils lui adressent des offres valorisées. Dans ces métiers désertés par les jeunes Français, la loi de l'offre et de la demande joue en faveur des candidats au travail, qui ont l'embarras du choix. Comme disent les économistes, elle a rendu le pouvoir de négociation à la force de travail.

On pensait certains métiers en voie de disparition. Funeste erreur ! Si le XXIe siècle est sans conteste digital, l'industrie conserve toute sa valeur. En dépit des affirmations de quelques esprits forts, il n'y a pas d'industrie sans usines. Certes, l'industrie s'est transformée, mais sans production de biens manufacturés, une économie est au point mort. On a besoin d'ajusteurs, de chaudronniers, de bureaux d'études professionnels, de métallurgistes de précision. Or ce qui est rare est cher.

Kevin entre dans la vie professionnelle à 22 ans avec une solide formation. Il a négocié un salaire de départ supérieur à celui que Gaëlle peut espérer obtenir en entrant dans l'Éducation nationale. Mieux, il a obtenu de son futur employeur une contribution à une retraite complémentaire et à des droits sociaux élevés. Son projet de carrière est ascendant. Dans le secteur industriel, revigoré par la réduction des taxes iniques qui pesaient sur la production, Kevin va franchir les échelons. Chef d'équipe, directeur de site industriel, il bénéficiera d'une formation enfin continue et adaptée aux révolutions technologiques.

On croyait l'industrie condamnée en France, mais elle s'est restructurée autour de filières fortes dans l'aéronautique, la machine-outil, la chimie et l'automobile. Kevin va profiter de ce renouveau industriel acquis à coups de restructurations, de formations et de plans d'investissement ambitieux. Réorganisée autour de branches industrielles fortes et protégées sur la base d'un nouveau protectionnisme, l'industrie offre de belles et longues carrières. Kevin pourra partir à la retraite dans de bonnes conditions financières entre 60 et 65 ans, selon son appétit financier et sa situation patrimoniale. Seul regret : il n'a pas été en mesure d'abonder un système complémentaire par capitalisation. Le plafond de cotisation fixé par la réforme Delevoye à trois fois celui de la Sécurité sociale n'a pas permis le développement d'offres privées, sauf pour les très hauts revenus.

Sans bruit, le système français de retraite a été étatisé par un président qui s'était fait élire sur une promesse libérale. On ne refait pas sa culture. L'État omniscient gère désormais l'assurance chômage et l'assurance retraite. On pensait le XXIe siècle ouvert aux nouvelles libertés, il est devenu le siècle de la protection. Plus la mondialisation est forte, plus les êtres humains éprouvent un besoin de sécurité.

Qui finance les retraites en France ?

Commençons par le budget. De quoi parle-t-on quand on évoque les retraites en France ? Entre 320 et 325 milliards d'euros sont distribués chaque année pour abonder les pensions de retraites (324 en 2018). C'est une dépense sociale considérable. La première de toutes. D'où viennent ces 325 milliards ? D'abord des cotisations payées par les actifs, de la fiscalité, pour 36 milliards, et de subventions d'équilibre de l'État (c'est-à-dire de vous et moi).

Cnav	122,7 Mds €[1]
Agirc-Arrco	78 Mds €
Fonction publique	48,7 Mds €
CNRACL	16,4 Mds €
Régimes spéciaux	25 Mds €
RB non salariés	19 Mds €
Ircantec	3 Mds €
NS complémentaires	13 Mds €
TOTAL	**325,8 Mds €**
Pensions de réversion	36 Mds €

1. Ces montants sont donnés à titre indicatif. Ils peuvent varier d'un ou deux milliards selon les années étudiées.

Circuit simplifié de financement du système de retraite

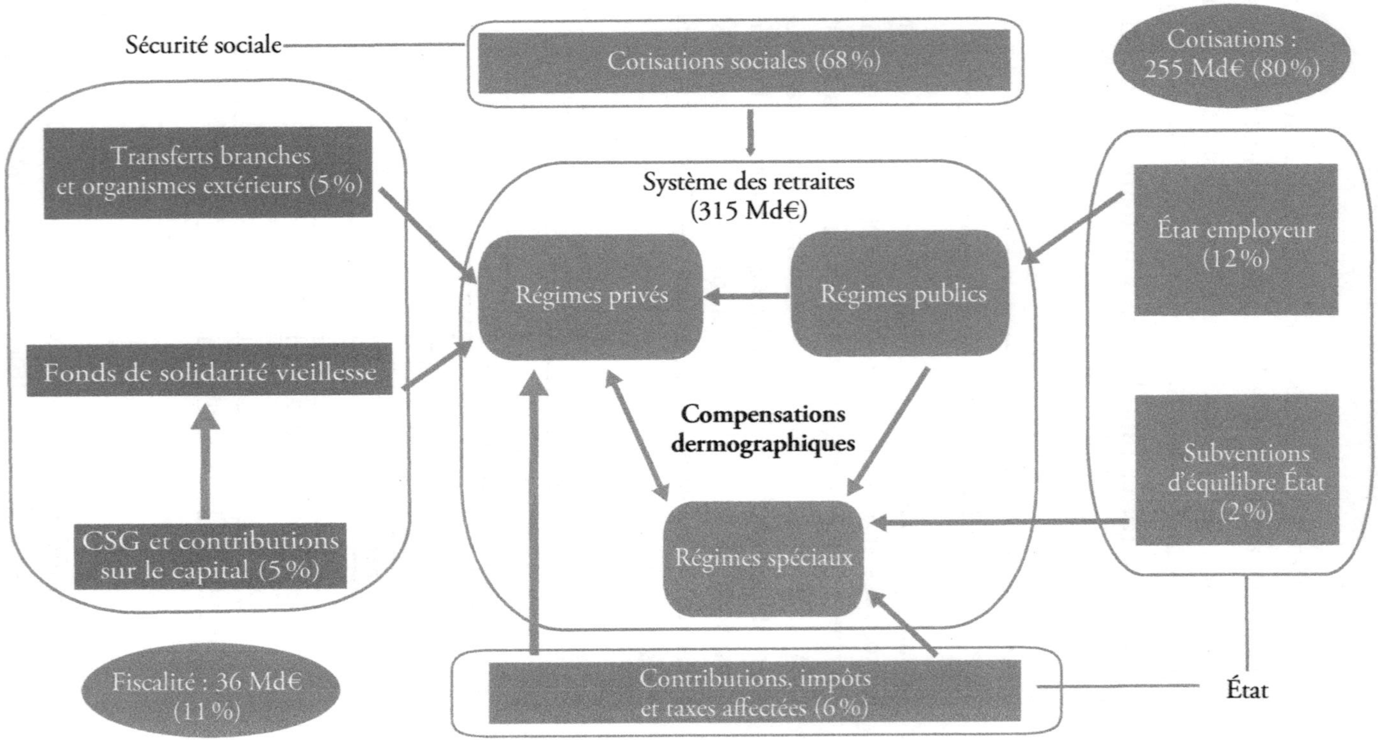

Document groupe de travail Jean-Paul Delevoye.

2
COMPRENDRE LES ENJEUX DE LA RÉFORME

Poursuivons avec quelques clés de compréhension du dossier des retraites. Dix points de référence, dix balises pour poser les limites et trouver son chemin dans le maquis de la réforme Macron.

D'où venons-nous ? Où allons-nous ? Qui seront les gagnants et les perdants ? Le modèle actuel est-il égalitaire, comme le voudrait l'esprit de notre république sociale ? Les régimes spéciaux se justifient-ils encore ? Pourquoi le retour à l'équilibre (précaire) du régime général est-il dû essentiellement aux efforts des salariés du privé ? Les régimes actuels sont-ils endettés comme l'est notre communauté nationale ? Autrement dit, a-t-on servi des pensions en creusant le trou pour les générations qui viennent ? *Quid* du régime par points ? De l'égalité hommes/femmes ? Toutes ces questions seront approfondies et commentées tout au long de cet ouvrage.

Nous ne sommes plus au XXe siècle !

Le modèle français de la retraite hérité de la reconstruction de 1945 a donné l'avantage à quelques catégories de retraités, à commencer par ceux qui ont bénéficié des périodes glorieuses de l'économie française au XXe siècle ; ils ont peu cotisé, ils ont pu acquérir pour presque rien un patrimoine immobilier très valorisé, ils ont bénéficié des Trente Glorieuses, de l'État-providence. La période était au plein emploi et à l'enthousiasme économique. Aujourd'hui, ces retraités reçoivent des pensions généreuses (des revenus de remplacement élevés). Ils ont brûlé la chandelle par les deux bouts, consommant sans réserve les ressources de la planète et creusant les déficits sociaux. Ils ont certes travaillé, comme ils le rappellent souvent, et il faut leur concéder qu'ils ont beaucoup travaillé ! Ils ont ainsi payé la retraite de leurs parents et grands-parents qui, eux, n'avaient pas cotisé… Le travail ne manquait pas. Tout était à bâtir ! Quand on mesure leur niveau de vie (c'est-à-dire le rapport entre les revenus et les besoins), il se situe à l'indice 105 par rapport à celui des actifs d'aujourd'hui. Oui, c'est incontestable, en France, le plus souvent, la situation d'un retraité est plus enviable que celle d'un actif. C'est une terrible réalité *statistique* quand on sait que seul le travail crée de la valeur et que, dans le domaine des retraites, les actifs payent les pensionnés !

L'avenir n'est pas assuré. Deux instances sérieuses aux conclusions incontestables appellent à la vigilance. Le Comité de suivi des retraites suggérait en juillet 2019 de redresser la trajectoire financière des comptes de l'Assurance vieillesse. De son côté, le COR (Conseil d'orientation des retraites) estime qu'à partir de 2022, le besoin de financement du système (s'il était maintenu en l'état) serait de l'ordre de 5 milliards d'euros puis, en 2030, compris entre 9 et 11 milliards ! Y compris dans ces conditions de refinancement, le niveau de vie des retraités (ceux qui travaillent et cotisent aujourd'hui) serait plus proche des indices 90-95 comparés à l'indice 105 évoqué plus haut. Le retour à la normale arriverait en 2040, pour peu que les variables de calcul comme le taux de croissance ou l'augmentation de la productivité du travail soient justes.

Autre élément essentiel : quel sera l'indice retenu pour fixer le niveau d'évolution des pensions ? Deux options sont disponibles : soit on choisit d'indexer les pensions sur le niveau des prix, en estimant ainsi qu'il convient de maintenir un certain niveau de vie aux retraités ; soit on les indexe sur les salaires, autrement dit sur la base contributive. S'agissant d'un revenu différé adossé aux revenus du travail, cette deuxième option semble le plus en accord avec l'idée d'une assurance.

L'examen comptable des régimes de retraite suscite deux types de réactions. Ainsi, Henri Sterdyniak, membre de l'OFCE (Office français des conjonctures économiques), considère que des aménagements sont encore possibles : « La réforme n'est pas nécessaire. Le système peut fonctionner jusqu'en 2035. Il y a deux impasses, entre 2030 et 2040 puis, beaucoup plus tard, en 2060. Mais comme on va réduire le taux de remplacement de 25 %, la situation sera soutenable[1]. » Pour cet expert, aucun doute, la réforme Macron, réforme systémique et non paramétrique, se traduira par une baisse d'environ

1. Entretien avec l'auteur, printemps 2019.

un quart de la valeur nominale des pensions moyennes. Le risque, selon lui est sérieux. Nous verrons cependant que les pensions françaises sont très généreuses par rapport à celles de nos voisins européens.

Contrairement à Henri Sterdyniak, les réformateurs préconisent un réexamen du système. Ils observent que les réformes mises en œuvre depuis 30 ans sont en réalité des réformettes. Ils n'ont pas tort non plus, un modèle économique qui doit être revu tous les 5 ans est par nature suspect ! Que les retraités d'aujourd'hui ne se plaignent pas trop. Mieux vaut avoir 70 ans en 2018 qu'en 2040. Quant à ceux qui râlent à cause de leurs petites retraites, ils touchent aujourd'hui un revenu de remplacement au prorata de ce qu'ils ont cotisé. Dans un système en répartition comme le nôtre, le modèle des annuités en vigueur dans l'assurance vieillesse assure une certaine *redistributivité*. Celui des points, comme Agirc-Arrco, garantit une plus grande *contributivité*. Mais, dans tous les cas, le montant des pensions sera fonction de la variable économique : les annuités et la valeur du point sont ajustés tous les ans, en fonction de la situation économique et des cotisations versées, pour garantir le versement d'un niveau de pension compatible avec les évolutions démographiques et économiques.

Le modèle français des retraites doit donc être réformé principalement parce qu'il est inéquitable. Le niveau de retraite des agents des entreprises publiques comme la RATP ou EDF est en moyenne deux fois supérieur à celui des assurés du régime général. Il doit l'être également parce qu'il manquera rapidement d'oxygène. Les prévisions du COR sont fondées sur des hypothèses économiques très optimistes : gains de productivité élevés (supérieurs à ceux des 10 dernières années) et croissance soutenue. On ne devrait pas bâtir l'architecture économique d'un système de distribution de revenus comme les retraites sur du sable.

Nos voisins européens travaillent sur le long terme. Beaucoup ont fixé l'âge légal de départ à 65 ans et tous sont attentifs aux règles de financement durable de leur système de retraite. Cependant, leur situation démographique n'a rien à voir avec la nôtre : en Allemagne, en Italie et en Espagne, le taux de fécondité stagne depuis des années autour de 1,3 enfant par femme, contre 1,8 en France. Mais dans notre pays, on parle encore de droits acquis, comme si l'Histoire était un livre de comptes dans lequel on peut puiser sans fin. En réalité, les systèmes sociaux non financés se transforment en systèmes antisociaux.

Ainsi, selon le COR, les pensions moyennes vont baisser par rapport aux revenus moyens autour de 2070. Il faudra dès lors tabler sur des revenus d'activité supérieurs pour servir des pensions acceptables. Comme on le voit, le système de financement des retraites suit des montagnes russes. Logique, quand on sait qu'il est adossé à la démographie et à la croissance prévisibles. Avec le système par points, on évoluera vers l'individualisation de la prestation servie. La valeur du point étant connue et révisable sur des bases rationnelles, la retraite deviendra plus lisible, plus prévisible ; mais sans doute moins généreuse, si la réforme tend vers l'uniformisation des cotisations. Une autre règle changera. Les cotisations seront plafonnées à hauteur de 120 000 € de revenus par an, ce qui ouvrira la porte à des régimes par capitalisation au-dessus de cette barre. Schématiquement, le paysage des retraites devrait s'organiser autour d'un régime socle destiné à tous et des régimes complémentaires choisis en fonction des situations de revenus. La retraite ne corrigera qu'une partie des inégalités de revenus en France. Elle perdra en solidarité ce qu'elle gagnera en équité[1].

La répartition intergénérationnelle

Le problème principal de nos retraites réside dans la grande disparité des situations. Aucune statistique ne remplace le vécu ; mais on peut compter sur les chiffres pour exprimer des tendances. Nous avons, en France, les retraités les plus prospères du monde. Chez nous, la dépense de retraite représente une part déterminante des dépenses sociales (autour de 45 %). Plus de 320 milliards d'euros sont versés chaque année au titre des pensions de retraite. Le taux de remplacement, c'est-à-dire l'écart entre le dernier salaire d'activité et la pension de retraite, est l'un des plus faibles d'Europe. Notre système est celui de la solidarité intergénérationnelle. Ceux qui travaillent aujourd'hui payent pour ceux qui ont travaillé hier. Ainsi, la formule souvent entendue dans la bouche de retraités mécontents, « j'ai cotisé, j'y ai droit », est totalement hors sujet. Ce modèle évoqué à tort est celui de la capitalisation

1. Jusqu'à trois Pass (plafond annuel de la Sécurité sociale), soit 120 000 € brut/an, le taux de prélèvement est homogène (régimes de base + complémentaires), autour de 28 points de cotisation. En-dessous de deux Pass, soit 80 000 € brut/an, on trouve 97 % de la population salariée et 93 % de la masse salariale. En dessous de trois Pass, on trouve 99 % de la population salariée et 96 % de la masse salariale (*source :* C*OR*).

et non le modèle français de la répartition. La réforme n'entend pas changer cette mécanique, mais puisqu'on ne peut cotiser qu'à hauteur d'un certain plafond dans le régime général, les plus fortunés auront la possibilité de capitaliser. Il n'empêche que le modèle actuel est redistributif. Pour faire simple, disons que les plus fortunés cotisent aussi pour les plus modestes. La lutte contre les inégalités de revenus passe aussi par la retraite.

La réforme Macron ne déroge pas à cette règle. Au contraire, elle renforce la redistribution. Les pensions des 10 % les plus défavorisés devraient augmenter de façon très substantielle (+ de 50 % selon les projections du COR) et celles des 10 % les plus riches devraient baisser de quelques points. De même pour les écarts hommes/femmes : les pensions versées à celles-ci augmenteront de plus de 10 % ; celles servies aux hommes baisseront de l'ordre de 2 %. La réforme Macron n'est pas antisociale, elle est au contraire presque socialiste !

D'autres systèmes existent, en Europe du Nord, ou la logique intragénérationnelle est préférée. On cotise pour soi-même et les pensions sont révisées tous les ans, sur la base de la capacité à les payer, en fonction de variables comme la croissance ou l'espérance de vie. Autant le dire, c'est une philosophie morbide ; à l'âge du départ en retraite, on estime votre espérance de vie et on divise le stock d'épargne accumulé par le nombre d'années présumées « restantes ». Pour des Français, épris de passion égalitaire, ce modèle rationnel et profondément individualiste est impensable… Dans ce cas précis, la retraite n'est plus un levier de redistribution, elle est seulement contributive (chacun contribue pour lui-même).

Le passage d'une logique intergénérationnelle à une logique d'épargne plus classique (le système par points) nous impose aussi d'anticiper les changements du monde du travail. Qu'adviendra-t-il des 15 % d'élèves de 15 ans aujourd'hui scolarisés qui présentent des difficultés de lecture, d'écriture ou de calcul de base ? Dans le monde d'hier, les retards de formation étaient compensés par la croissance, par les opportunités d'emploi, par l'école de la deuxième chance. Au XXIe siècle, les retards de départ ne se compenseront plus. Les *unskilled workers*, les employés sans qualification, sont assignés à de petits boulots, précaires et mal payés ; ils sont voués à une forme de déclassement social et économique de long terme incluant la période de la retraite.

« Le niveau scolaire est devenu, plus que jamais, la clé première de l'emploi, de la réussite, de la mobilité intergénérationnelle et, *a contrario*, des frustrations et du sentiment de déclassement[1]. » Difficile de renvoyer chacun à ses responsabilités. Difficile de dire aux jeunes gens en échec de formation qu'ils se préparent un avenir douloureux. Et pourtant… dans ce monde par points, chacun touchera ses propres dividendes. Il restera le recours à l'assistance pour ceux qui n'auront pas su ou pu se préparer une retraite digne.

Le fardeau des régimes spéciaux

La deuxième grande inégalité qui frappe notre système de retraite, c'est la persistance de très (trop) nombreux

1. Éric Le Boucher, *Les Échos*, 8 mars 2019.

régimes spéciaux. Ces régimes ont eu toute légitimité à leur naissance et pendant longtemps. Ils sont aujourd'hui une insulte au principe d'égalité. Il est curieux de voir que les passions égalitaires françaises acceptent des exceptions au profit de ceux qui sont en général les premiers à s'en réclamer… Chaque année, le régime spécial des cheminots, gravement déficitaire, coûte plus de 3 milliards d'euros à la collectivité, c'est-à-dire au contribuable et à l'usager du régime général. Les syndicalistes de la CGT, de Sud Rail et les députés de La France insoumise (LFI) peuvent toujours évoquer des conditions de travail pénibles des cheminots comme les horaires décalés ou le travail de nuit, les chiffres les rappellent à la réalité : 140 000 cotisants à la SNCF pour 260 000 retraités. Le train, véritable élixir de longue vie, maintient en forme et en bonne santé ! L'épopée du chemin de fer à vapeur est derrière nous. Le conducteur de train, fort heureusement, ne meurt plus en moyenne à 52 ans !

La France cultive encore plus de 40 régimes spéciaux, dont certains sont les survivants d'une époque révolue. En dehors de la SNCF ou de la RATP existent aussi ceux de l'Opéra de Paris, de la Comédie-Française et, bien sûr, en premier lieu, le régime de la fonction publique, qui relève d'un code unique, beaucoup plus avantageux que les régimes du privé. L'État, bon patron, paye pour le confort de ses agents.

Comme le rappelait avec justesse le magazine *Challenges* du 19 décembre 2013, « un fonctionnaire, c'est 42 ans de carrière, 21 ans de retraite et 10 années de réversion[1] ». Au

1. Selon d'autres sources, une personne de 62 ans peut espérer vivre jusqu'à 90 ans, soit 28 ans après son départ en retraite.

total, la création d'un emploi de fonctionnaire coûte en moyenne 3,5 millions d'euros en incluant les salaires bruts avec charges, les retraites et reversion sur environ 75 ans. Certains régimes sont tellement exigeants en termes de financement que l'État doit cotiser par une « subvention d'équilibre » à hauteur de 75 % des pensions civiles et 135 % des pensions militaires.

François Charpentier, auteur de travaux remarquables sur la situation des retraites en France, affirme sans détour que « le système actuel est illisible et injuste. Les jeunes ne le comprennent plus, ajoute-t-il. En réalité, on a menti aux Français en affirmant que notre modèle était égalitaire. Il n'y a pas de solidarité entre le public et le privé en France. » Notre pays a en effet fabriqué des régimes protégés, à statut, qui sont en fait une dérogation au principe de l'égalité des individus devant la retraite.

Régime universel ou régime unique ?

La réforme Macron propose un horizon apparemment simple et lisible. Que chaque contribution rapporte le même résultat, quel qu'en soit le bénéficiaire. Compte tenu de la complexité du modèle français, des régimes et sous-régimes accumulés au cours du temps, la réforme est impossible en l'état. Elle supposerait de revenir sur des éléments du contrat de travail. On peut cependant rendre le système plus équitable sans créer une usine à gaz qui imposerait de recalculer tous les droits.

Premier point : rien ne change pour les actifs nés avant 1963. Les notions d'âge de départ, d'âge pivot et d'âge d'équilibre sont à prendre en compte pour celles et ceux qui sont nés après 1963. La question est celle de la transition. L'hypothèse la plus simple, pour ceux qui sont concernés par le passage d'un système à un autre, serait de calculer les droits acquis avec le système ancien et de les convertir en points. La transition serait ainsi plus lisible et sans doute moins douloureuse sur le plan social.

Emmanuel Macron a chargé Jean-Paul Delevoye, ancien ministre de la Fonction publique sous Jean-Pierre Raffarin, un homme de la droite sociale et républicaine, de discuter et de déminer. Pendant plus d'un an, M. Delevoye a testé les hypothèses de travail imaginées par l'équipe présidentielle. Le mercredi 10 octobre 2018, lors de la première grande rencontre avec les partenaires sociaux, Jean-Paul Delevoye utilise une formule apparemment claire mais porteuse de sous-entendus : « mêmes carrières, mêmes revenus, mêmes cotisations, mêmes retraites ». Faut-il comprendre que dans ce cadre, les situations particulières seront maintenues, dans des systèmes en silos ? Après tout, un agent de maîtrise du privé et un gazier n'ont pas les mêmes carrières, pas les mêmes revenus, pas les mêmes niveaux de cotisations… Dès lors, comment pourraient-ils avoir les mêmes retraites ?

Par ailleurs, comment expliquera-t-on aux agents d'Engie et de ses filiales que la retraite moyenne des électriciens à 3 592 € brut, avec un âge de départ très anticipé, devra être revue ? Là encore, le gouvernement compte sur le temps. Les droits acquis à ce jour seront maintenus. Les changements interviendront pour les plus jeunes sur la base d'une évolution lente qu'il faudra toutefois financer.

À ce moment précis du débat, on ne peut s'empêcher de penser aux frais de gestion de nos systèmes de retraite :

6 milliards d'euros par an selon la Fondation Ifrap, soit beaucoup plus que nos voisins. Les hypothèses régime unique/régime universel ne tranchent pas la question. Les frais de gestion de certains régimes spécifiques sont exorbitants. Seront-ils inclus dans un espace de gestion lui aussi unique ? Quand on sait qu'il manquera autour de 10 milliards dès 2022, la question de la gouvernance prend tout son sens.

La formule Delevoye laisse ouverte l'hypothèse du maintien de situations particulières. Il dit vouloir un système universel, ce qui ne veut pas dire unique. Le 27 février 2019, devant un groupe de journalistes, il déclare qu'il « est hors de question de dire qu'on supprime les régimes spéciaux ». Est-il interdit de le dire ou de le faire ? À la fin de l'année 2017, il avait indiqué vouloir « respecter le caractère identitaire de certains régimes » ! Les signaux sont contradictoires. Quel Jean-Paul Delevoye croire ? Celui qui affirme vouloir « tout repasser au crible, compte tenu des conditions de travail actuelles », ou le précédent, plus ouvert sur le maintien des régimes dits spéciaux ? Qui croire en effet, quand Corinne Vignon, députée LREM, présidente du groupe transpartisan de l'Assemblée nationale sur la réforme des régimes spéciaux, affirme que « les régimes spéciaux sont appelés à disparaître » ?

Le document remis aux partenaires sociaux début mars 2019 par le groupe Delevoye posait cette question : « Quels critères spécifiques à la fonction publique et aux régimes spéciaux seraient de nature à justifier des départs anticipés ? Il faut se rendre à l'évidence, la promesse d'une retraite unique sera impossible à tenir. Comment prendre en compte l'exposition de certains métiers aux contraintes et à la pénibilité, si ce n'est en leur accordant un droit au départ anticipé ? »

La liste des professions super-actives comprend les métiers de la police, de la surveillance pénitentiaire, de la douane, de la santé, comme les aides-soignants, du feu, comme les sapeurs-pompiers. Au total, 765 000 fonctionnaires classés en catégorie active sont soumis à des « risques atypiques » ou à des « fatigues exceptionnelles ». Leur sort devra être traité à part et nul ne contestera leur caractère particulier. On mesure combien il sera complexe et dangereux de modifier non seulement les règles de calcul des pensions des fonctionnaires et des agents des entreprises publiques, mais aussi leurs statuts particuliers. C'est pourtant le cœur de la réforme, qui entend ramener un peu d'égalité entre salariés. Mais la réforme devrait être diluée dans le temps. Rien de bien neuf avant 2025. Dans le nouveau monde, « tout salaire perçu créera un droit au point », déclare Jean-Paul Delevoye devant des journalistes, avant d'ajouter que « pour les fonctionnaires, il faudra intégrer les primes » dans le calcul des droits. Longue et périlleuse manœuvre ! Finalement, la période de transition, pour arriver à « la convergence complète des régimes actuels pourrait être de 10 à 15 ans ». En octobre 2018, après la première phase de la concertation, le commissaire aux retraites avait acté une période transitoire de 5 ans. Le système des points devrait abolir les règles anciennes. Dans le privé, on calculait la retraite sur la base des 25 meilleures années travaillées, ce qui veut dire pour nombre de femmes sur toute la durée de carrière ; dans le public, là encore très avantagé, sur la base des 6 derniers mois.

Sachant que les régimes spéciaux sont tous pour beaucoup très déficitaires, le scandale est loin de s'éteindre. Pendant toute la période de transition, la collectivité continuera d'offrir un cadeau social quatre étoiles à une partie des fonctionnaires et agents des services publics. Comme on le voit, l'égalité demeure une perspective lointaine.

Les fondamentaux de la retraite : démographie et croissance

L'équation des retraites comporte deux variables essentielles : la croissance et la démographie.

• Dans le système actuel comme dans celui qui suivra, la croissance doit augmenter plus vite que les pensions pour que l'équilibre soit atteint. On sait combien les projections de croissance sont hypothétiques. Elles ne sont jamais précises d'une année sur l'autre. Comment pourraient-elles être fiables à moyen terme ? C'est la raison pour laquelle la valeur du point doit être révisable. Cette subtilité n'a pas échappé aux syndicats, en particulier à ceux qui sont viscéralement hostiles à la réforme : la CGT et FO, deux organisations très représentées dans les administrations et les entreprises publiques. FO est le premier syndicat dans les collectivités où le changement de modèle obligera à travailler plus longtemps.

Revenons à présent aux lois d'airain de l'économie. Plus la croissance est soutenue, plus le niveau d'emploi est élevé, sauf quand il s'agit d'une croissance sans emploi (*jobless growth*). En France, fin 2018, 29,4 millions de personnes dans la tranche 15-64 ans étaient considérées comme potentiellement actives. Pour cet ensemble, le taux d'activité réel, atteignant seulement 65,3 %, était inférieur de 10 points à celui de l'Allemagne ou du Royaume-Uni, malgré une augmentation de 0,4 point par rapport à 2017. Cette performance, quoique faible, est pourtant la meilleure que nous ayons accomplie depuis 1975. La France est malade du chômage de masse depuis le septennat du président Giscard d'Estaing[1].

Seul grand pays européen avec l'Espagne à en souffrir de manière chronique, elle finance un système social très généreux en situation de faiblesse économique. Conclusion, la base productive française est étroite. Dans un système intergénérationnel, ce sont les cotisants (la base productive) qui payent pour les retraités (et non pour eux-mêmes). Le niveau des revenus distribués détermine l'assiette de cotisation. Plus ils sont abondants, plus le système est financé. La croissance, c'est donc le premier pilier de notre système de retraite. Encore faut-il que les retraites ne plombent pas la croissance ! Je m'explique. Le poids surabondant de la protection sociale affaiblit les mécanismes de la croissance et de la prospérité. Les retraites pèsent pour 26,8 % des dépenses publiques en France. On privilégie le revenu de remplacement, ou revenu différé, au détriment du revenu immédiat. Ce choix nous coûte cher, dans la mesure où l'épargne retraite, fût-elle le produit d'un régime par répartition, manque à la consommation immédiate.

Reprenant la formule du chimiste Paracelse, on peut affirmer que c'est bien la dose qui fait le poison. Nous

1. Selon les données de l'OCDE publiées fin 2018, le taux d'emploi en Allemagne était de 76 % au 4e trimestre 2018, de 74,5 % au Royaume-Uni et de 65,3 % en France.

pensons trop au temps libre de la retraite et pas assez au temps plus long de notre vie active. Il faudrait à l'évidence travailler plus et plus longtemps. On peut nous chanter sur tous les tons que les Français sont les plus productifs du monde, rien ne remplace le temps de travail. Oui, les Français ont une productivité élevée à l'heure, mais ils ne travaillent pas suffisamment d'heures. Les 35 heures sont un poison économique que nous payons encore aujourd'hui. Nous travaillons 150 à 300 heures de moins par an que les Portugais, Britanniques, Italiens ou Américains. La moyenne française s'élève à 1 514 heures, pour une moyenne des pays de l'OCDE de 1 759 heures /an (chiffres fin 2017). Plus la base active est étroite, plus le taux de prélèvement est élevé quand on garantit des droits égaux. Qui est responsable de cette situation ? Les gouvernements successifs, qui ont toujours préféré le traitement social du chômage à la résolution du problème. Mais pas seulement ! Depuis les chocs pétroliers de 1973 et 1975, les employeurs et leurs organisations ont multiplié les initiatives pour mettre en place des dispositifs de préretraites et pousser vers la sortie les salariés âgés, supposés être moins productifs. Il n'y a pas si longtemps, près des deux tiers des salariés qui partaient en retraite à l'âge légal étaient sans activité et en position de chômage, longue maladie ou autre…

• Non seulement il faut de la croissance, mais il faut aussi des générations de cotisants suffisantes pour financer les retraites et, dans ce domaine, le politique ne peut qu'arbitrer quand les financements viennent à manquer. Soit on augmente le montant des cotisations, soit on recule l'âge de départ en retraite, soit enfin on baisse les prestations. En 1950, on travaillait (en moyenne) de 18 à

65 ans, mais on disparaissait (toujours en moyenne) 5 ans plus tard, à 70 ans. Depuis 1950, la France a augmenté sa production de richesses. La part des retraites dans le PIB s'est envolée et le PIB a lui-même décollé. La prise en charge de la vieillesse ne devrait pas être un luxe, dans une société qui produit de plus en plus de richesses. Encore faut-il accepter de financer durablement un droit dont le produit croît régulièrement. Dans cet esprit, la France doit maintenir ses politiques publiques natalistes.

Comment a évolué l'espérance de vie à la retraite ?

1950	5 ans
2018	28 ans

Aujourd'hui, beaucoup de Français commencent à travailler à 24 ans et partent à la retraite autour de 62,8 ans. Pour eux, et il faut s'en réjouir, le temps de la retraite dure en moyenne 28 ans. L'équation d'hier ne peut plus être celle d'aujourd'hui. Tout le monde comprend que les calculs sont à refaire, d'autant plus que nous avons jusqu'à ce jour financé notre système de retraite à grands coups de dettes.

Âge moyen de départ en retraite :
62,8 ans[1]

1. Fin 2018, l'âge de la retraite dans le secteur privé approche la barre des 63 ans. En 2011, l'âge moyen était de 62 ans et en 2007 de 61 ans.

En 1960, quatre personnes cotisaient pour un retraité. En 2016, nous sommes très en dessous de la barre des deux cotisants pour un bénéficiaire. En 2050, la France se rapprochera dangereusement du statut critique 1-1.

Ratio cotisants/retraité

1960	2016	2050
4 cotisants	1,4 cotisant	1,2 cotisant

Salariés du secteur privé (2018)	17,5 millions
Retraités du régime général (2018)	14,35 millions

Les points : subtile astuce pour changer de modèle

La notion de compte à points portée par le gouvernement dans sa réforme des retraites postule le principe de parcours individualisés. Le compte personnalisé est par définition l'inverse exact du régime général actuel financé par la solidarité nationale : soit par les autres cotisants soit par les autres contribuables. Subtile astuce pour passer d'un modèle collectif à un parcours individuel. C'est la première étape du changement de paradigme. Avec le régime à points, la part des retraites dans le PIB doit rester cantonnée autour de 14 %.

Dans un système par points, chaque mois travaillé, du début à la fin de carrière, est pris en compte ; la valeur « temps » est égalisée. La valeur du point est en revanche réajustée en fonction de variables comme le taux d'inflation, l'espérance de vie, le nombre de cotisants. Ce calcul est réalisé par un comité d'experts à l'abri des jeux politiques. Pour reprendre l'expression de la ministre de la Santé, Agnès Buzyn, le « schéma cible » est connu.

On en sait en revanche assez peu sur le mode de calcul. L'avantage de ce système est tout à la fois d'être plus juste pour tous les cotisants (il lisse les inégalités) et plus réaliste : on ne s'engage pas dans des impasses financières en repoussant la dette un peu plus loin, vers les générations futures. Pourtant, relève l'économiste Christian Saint-Étienne, « compte tenu de l'état de l'économie française, le point aura tendance à baisser, y compris une fois que vous serez parti en retraite, car il sera calculé chaque année. Le but réel du régime par points est de baisser les retraites sans le dire et en faisant sauter tous les systèmes de solidarité qui sont inclus dans le système actuel[1] ».

Henri Sterdyniak, polytechnicien, économiste à l'OFCE (Office français des conjonctures économiques), par ailleurs membre des Économistes atterrés, auteur de nombreux articles académiques sur les retraites[2], estime qu'un « système par point satisfaisant supposerait que soient fixées des règles précises en matière de gouvernance et de garantie du taux de remplacement ». Pour que le système conserve son caractère redistributif, l'ajustement pourrait se faire sur la base du salaire (avec un abattement au-delà d'un certain plafond) ou sur la base des pensions

1. Christian Saint-Étienne (professeur titulaire de la chaire d'économie au Conservatoire national des arts et métiers), « La retraite par points : un désastre annoncé », *Les Échos*, mercredi 31 octobre 2018.
2. Entretien avec l'auteur, lundi 7 janvier 2019, OFCE.

où, là encore, au-dessus d'un certain plafond la valeur du point serait réduite de 30 %.

Le modèle des points permet de *variabiliser* ce qui était auparavant fixe et garanti. Mon compère de TF1, François Lenglet, parle de son côté de « désocialiser le coût de la protection sociale ». L'expression est très juste. Le gouvernement veut un système qui « s'ajuste automatiquement aux rentrées de cotisations, elles-mêmes déterminées par la démographie et la croissance économique… Il s'agit de déplacer le risque, le prix de l'incertitude, pour en libérer le contribuable et le facturer à l'assuré[1] ». L'idée se défend… Par le passé, on conservait le même métier, la même entreprise au cours d'une vie professionnelle. On ne cotisait qu'à un régime. Aujourd'hui, un salarié du privé cotise à 3,2 régimes, en moyenne. En passant alors d'un régime à un autre qui n'avait pas les mêmes paramètres de fonctionnement, on s'exposait à des abattements très pénalisants. Avec les points, le modèle change favorablement. Le compte de points suit le salarié d'une branche à une autre, d'une entreprise à une autre, et le salarié conserve une lisibilité parfaite sur l'état de son compte, ce qui lui permet, s'il le souhaite et s'il le juge nécessaire, de faire des choix d'épargne et de placement à sa convenance. La grande révolution des points est là : elle fait passer d'un système dit « bismarckien », calé sur l'individu et la carrière professionnelle, à un système dit « beveridgien », universel, ouvrant sur la possibilité de choix personnels.

1. François Lenglet, « Réforme des retraites : ce que Macron a en tête », *Le Point*, 18 octobre 2018.

Exemple du mécanisme des points

Avec ou sans point, l'objectif social présente un caractère politique. Quel taux de remplacement vise-t-on ? La question n'est pas sans conséquence, dans la mesure où nous parlons de revenu différé pour les cotisants. Ils doivent accepter de renoncer à une partie de leur revenu brut en temps réel pour se ménager une épargne consommable plus tard dans la vie, au moment de la retraite. Le consensus dit en France qu'un taux de remplacement honnête est de l'ordre de 60 % en brut pour une carrière type.

Calcul

- Taux de cotisation : 28 % (revalorisé sur la base du salaire moyen) x 42 ans de cotisations = 11,76.
- Valeur du point ou taux de rendement : 60 / 11,76 = 5,1 %.

L'âge pivot

La notion d'âge pivot est apparue dans le débat public en 2014-2015, au moment des négociations Agirc-Arrco qui ont introduit ce mécanisme dans l'accord d'octobre 2015. Le sujet a rebondi au mois d'octobre 2017, quelques jours avant la présentation officielle des premières dispositions du projet Macron. L'âge légal de départ à la retraite reste officiellement fixé à 62 ans. Cette notion d'âge légal est d'ailleurs totalement déconnectée des réalités du travail au XXIe siècle : l'espérance de vie augmente, les carrières sont fragmentées, les revenus variables… tous les éléments sont réunis pour rediscuter cet âge « couperet » et pour adapter la règle aux contraintes et aux aspirations des différentes catégories de Français ! Le gouvernement n'a pas voulu faire tomber cette « vache sacrée » qui nous place parmi les pays où l'on part à la retraite très tôt.

Italie	67 ans
Pays-Bas	66 ans
Allemagne	65 ans et 8 mois
Royaume-Uni	65 ans et 2 mois
Japon	65 ans
Belgique	65 ans
Espagne	65 ans
États-Unis	65 ans[1]
France	**62 ans**
Suède	61 ans
Canada	60 ans

Source : Conseil d'orientation des retraites, 2018

L'idée d'un âge pivot est consubstantielle au débat sur le régime à points. L'âge pivot introduit l'idée de décotes et de surcotes. En d'autres termes, la formule dite *à points* offre une solution de rechange à toute modification de l'âge légal, ce qui aurait mis le feu aux poudres. Le haut-commissaire Jean-Paul Delevoye utilise le mot « pilotage » pour qualifier la situation. Au Medef, on parle aussi de « gouvernance du système ». Si l'on met tout ceci en bon français, il faut comprendre que la règle restera celle d'un départ théorique à 62 ans, mais que compte tenu des situations particulières, le pilotage des droits se fera au-delà de l'âge légal.

1. Aux États-Unis, les salariés peuvent partir dès 62 ans avec décote et travailler jusqu'à 70.

Le rapport annuel du COR publié en juin 2019 tranche en partie le débat sur l'âge de départ. Il rappelle que les jeunes – pour ceux, nombreux, qui poursuivent des études – entrent de plus en plus tard dans la vie active ; dès lors, l'âge de départ reculera pour ces populations dans des proportions égales. L'âge de départ à 64 ans est inscrit dans les pratiques professionnelles du siècle. La barrière de l'année 1963 a été retenue pour gérer le passage de 62 ans, l'âge légal à 64 ans et l'âge d'équilibre. Pour toutes les carrières des actifs nés après cette barrière temporelle, la tranche 62-64 ans donnera lieu à des décotes (-5 % par an). Au-delà de 64 ans, toute année de travail supplémentaire donnera lieu à une surcote.

Ceux qui auront commencé à travailler très jeunes et ceux dont les carrières ont été interrompues bénéficieront d'un droit au départ à 64 ans, même s'ils n'ont pas toutes leurs annuités. Les spécialistes disent que la « proratisation[1] » disparaît. La réforme de l'âge réel de départ présente donc un volet très social. Sur ce terrain, la réforme opère une redistribution incontestable entre ceux qui auront eu des carrières stables et ceux qui auront rencontré des difficultés professionnelles. On peut donc parler de triple solidarité : entre les plus riches et les plus défavorisés, entre les carrières linéaires et les carrières à trous et entre hommes et femmes.

Soyons clairs : le COR, dont le travail n'est pas contestable sur ce terrain, estimait déjà que pour maintenir à flot le système de financement des retraites, il faudrait repousser l'âge moyen de départ à 63 ans en 2025 et 64 ans en 2035. La réforme Macron intègre

1. La « proratisation » est le calcul au prorata du temps travaillé.

ces contraintes et les anticipe sans sacrifier l'esprit du système de retraite. Avec le passage de 62 à 64 ans, la France restera un des pays du monde les plus avantageux sur l'âge de départ en retraite. Tous ceux qui affirment le contraire en mobilisant le vocabulaire révolutionnaire du XXe siècle ne savent pas lire les chiffres.

Reste le taux d'activité des séniors. Les adversaires de la réforme relèvent que leur taux d'emploi est très faible en France. Selon nos informations, un compromis aurait été trouvé entre le gouvernement et le Medef : les patrons auraient promis de conserver les séniors dans les entreprises contre un passage de 62 à 64 ans.

En 2015, au moment où il convenait de redresser les régimes Agirc-Arrco, les patrons ont imposé un système de décote et de surcote temporaire. Il a permis de pérenniser le régime géré conjointement avec les syndicats de salariés. Le principe des bornes d'âge est acquis. Dans la réforme Macron, cette borne doit rester portative. Si l'espérance de vie continuait de croître, il conviendrait de relever l'âge d'équilibre. Un an d'espérance de vie additionnelle se traduira par une exigence de cotisation supplémentaire de huit mois. C'est l'application de la « règle d'or » pour piloter le système dans le temps et maintenir l'équilibre financier de nos régimes sur une longue période. Sur la base d'une augmentation de la productivité de 1,3 %, les équipes du haut-commissaire ont prévu un taux de rendement du système universel de 5,5 % : 100 € cotisés rapporteraient ainsi 5,5 €.

La réforme ne prévoit pas de toucher au niveau des cotisations, très sensible sur les feuilles de paie. Elles devraient normalement évoluer, comme la masse salariale qui continue de progresser. On peut tordre le problème dans tous les sens, si le volume de travail et de cotisations versées n'est pas suffisant, la valeur du point baissera. Il conviendra d'en informer régulièrement les actifs. C'est un des enjeux de cette réforme. Les tableaux de bord personnels devront pouvoir être consultés en temps réel. Pour Antoine Bozio, directeur de l'Institut des politiques publiques, le taux de remplacement standard pourrait être estimé à 75 % (du revenu du travail). Dans ces conditions, chacun devrait savoir jusqu'à quel âge il doit travailler pour atteindre cet objectif de remplacement.

Qu'y a-t-il d'injuste dans l'application de ce principe ? Comment certaines catégories peuvent-elles réclamer des droits qu'elles n'auraient pas acquis et qui seraient financés par tous les autres ? La question de l'âge de départ renvoie les partenaires sociaux à leur représentation de la société. Pour la CGT et FO, l'histoire sociale et humaine s'est arrêtée dans la deuxième moitié du XXe siècle. Tout ce qui a été conquis ne peut être repris, quitte à conduire à la faillite du modèle. À l'inverse, des organisations réformistes telle que la CFDT se montrent capables de penser le mouvement social dans une logique de gestion dynamique. Ces deux mondes sont irréconciliables, mais l'histoire a déjà condamné l'un des deux à une lente agonie.

Inégalités de genre

Au début de la décennie 2010, les femmes âgées de 65 à 69 ans percevaient une retraite de 36 % inférieure à celle des hommes, selon les travaux de l'économiste Odile Chagny (groupe Alpha et chercheur affilié à l'OFCE). L'écart entre le niveau de pension des retraites des hommes et des femmes se réduit très lentement. Il reste de l'ordre de 30 %. Toutes les réformes récentes (2010-2014) se sont efforcées de réduire les écarts de genre. Des trimestres de majoration sont accordés pour chaque enfant et une majoration de 10 % est consentie pour les mères de trois enfants et plus. Ces aménagements corrigent une partie de l'inégalité de situation à la retraite, mais ils n'ont aucune influence sur le fait générateur des inégalités de salaires. La réversion permet aux femmes de toucher une partie de la retraite de leurs maris décédés. La nature corrige finalement les inégalités sociales. Car les hommes partent souvent les premiers ! La lutte pour l'égalité des genres et la politique de soutien aux mères devra être poursuivie. Les droits à la retraite entrent dans l'arsenal des mesures de natalité qui sont à la base du renouvellement des générations.

Faut-il souhaiter une France à 100 millions d'habitants, comme le suggère Béatrice Giblin, historienne et géographe, ancienne dirigeante de l'Institut français de géopolitique ? L'Allemagne souffre du vieillissement de sa population. Pays de seniors et de rentiers, elle en appelle aux migrants pour occuper des emplois vacants et se distingue par un taux de remplacement faible. (Le taux de remplacement de base est de 58 % du salaire net. Il baissera jusqu'à 55 % en 2030.) Nous avons beaucoup de points faibles en France, dont l'excès de dépenses publiques, mais aussi des points forts, comme une certaine dynamique démographique. Nous ne pourrons cependant pas faire l'impasse très longtemps sur ce que Jean-Hervé Lorenzi appelle à juste titre la « société du vieillissement[1] ». L'âge moyen

1. Lorenzi, Albouy, *L'Erreur de Faust. Essai sur la société du vieillissement*, Villemeur, Descartes & Cie, 2019.

de la société française augmente et les femmes sont en règle quasi générale les survivantes du couple. « Un quart, bientôt un tiers de la population va connaître un monde spécifique, sans activité salariée, en bonne santé ou non, des normes de consommation différentes et des moyens financiers pas toujours assurés, ce qui va bouleverser notre monde », écrivent les auteurs de cet essai passionnant mais inquiétant tant il montre notre impéritie.

Dans le débat sur les retraites et dans une logique de solidarité intergénérationnelle, on comprend combien il est essentiel de maintenir l'arsenal des mesures natalistes. Les avantages accordés aux mères de famille françaises au titre de la retraite doivent être renforcés. Les femmes, qui représentent 50 % de la population, sont encore mal traitées sur le terrain des revenus. On ne s'étonnera pas du regard négatif qu'elles portent sur notre système de retraite actuel : 79 % s'en disent insatisfaites, pour seulement 65 % des hommes[1]. D'où le principe, également acté au terme de la concertation de 2018, de faire bénéficier les Françaises de mesures d'aide dès le premier enfant.

Les carrières longues et les carrières fragmentées

Dans la France de l'après-guerre, beaucoup de jeunes gens ont commencé à travailler autour de 15 ans. Ils ont passé un diplôme professionnel. Ils seront typographe, plombier, boulanger, soudeur, etc. Ces générations ont

1. Sondage Fondapol/Ifop sur un échantillon de 3 001 personnes âgées de plus de 18 ans, novembre 2018.

accompli des carrières longues et continues, dans la mesure où elles s'adossaient à des périodes de croissance ininterrompues. Le gouvernement tiendra compte de la pénibilité dans la réforme en cours. On ne peut traiter un travailleur de force comme un employé de bureau ou un agent de maîtrise dans un ministère. L'équité prend le pas sur l'égalité. Le compte pénibilité, créé par la réforme de 2014 et mis en œuvre en 2017, permet aux travailleurs concernés de partir plus tôt en retraite et dans des conditions financières avantageuses. On ne peut tout à la fois soutenir le travail manuel et lui refuser les avantages qui pourraient l'encourager. Prenons le cas des catégories dites super-actives ; surveillants de prison, aides-soignants(e)s dans les hôpitaux et les Ehpad, policiers de la police nationale, sapeurs-pompiers. Ces fonctions sont exposées à des risques particuliers, à des tensions incomparables, à des rythmes de travail en décalé. Les 765 000 fonctionnaires classés en catégorie active et les salariés du privé dans des secteurs exposés à la pénibilité du travail continueront de bénéficier d'un traitement à part. Leurs avantages ont été durement gagnés au cours d'une vie professionnelle exigeante. Notre modèle social s'honore de les traiter avec égards. Pour ces professions particulières, exposées à la pénibilité, les points seront bonifiés. La seule question à trancher désormais est de savoir quelles professions et quelles activités seront incluses dans la liste des professions super-actives. Le cas des policiers et des pompiers semble incontestable, comme celui des gardiens de prison. En revanche, pour les professions médicales ou paramédicales, les règles de pénibilité ne sont pas encore fixées.

La réforme doit aussi tenir compte des polypensionnés. Ils sont très nombreux en France. Ce sont des personnes qui ont occupé des emplois dans différents secteurs : emploi public pour commencer sous forme de contrat, puis secteur privé, puis activité libérale. On ne soupçonne pas le nombre de Françaises et de Français qui ont ainsi suivi des itinéraires professionnels chaotiques. Ces carrières sont souvent, pour reprendre la formule de la CGT, des carrières « à trous », c'est-à-dire des carrières interrompues par des périodes de chômage ou d'activité très réduite. Avec le régime à points, la règle est celle du cumul des points acquis au cours de chaque mois travaillé.

Le projet du gouvernement est de compenser les interruptions de carrière avec le principe d'âge d'équilibre à 64 ans. Les actifs concernés par ces carrières à trous bénéficieront de la solidarité redistributive du système à points. Quoi qu'il en soit, celui-ci ne laisse passer aucun mois de travail. Il répond, pour partie au moins, à l'éclatement du travail dans une société du « vagabondage » professionnel. Nous verrons plus loin, dans le détail, que la réforme entend faciliter la vie des polypensionnés. Certains régimes étaient alignés sur le régime général, d'autres non, comme les régimes spéciaux, le régime des exploitants agricoles, ceux des fonctionnaires et des libéraux. C'est dans ces détails qu'il est possible de mesurer la complexité du système français. Rien n'est tout à fait simple. L'harmonisation fera des gagnants et des perdants, mais on peut de la même façon affirmer qu'il existe aujourd'hui des retraités gagnants et d'autres perdants. Le rééquilibrage de l'édifice ne sera que justice.

La vraie nature de la dette des régimes publics

Le gouvernement Philippe rappelle régulièrement que sa réforme des retraites est entreprise à un moment où les régimes sont équilibrés. C'est aller un peu vite. En réalité, la Cour des comptes affirme que les retraites complémentaires des salariés et des cadres sont confrontées à une « situation alarmante qui exige des mesures urgentes » pour servir les pensions. On se pince en consultant les projections des partenaires sociaux. Les réserves Agirc-Arrco seront épuisées en 2023 et il conviendrait d'économiser 120 milliards d'ici à 2030. Dégagée des contraintes du marketing politique, la Cour estime qu'il faudra repousser l'âge de départ en retraite pour équilibrer durablement les comptes. Les rapports de la Cour des comptes sont toujours d'une impeccable précision. Ils soulignent que les efforts produits par les salariés du privé depuis la réforme Balladur de 1993 ont permis un redressement des comptes. Redresser ne veut pas dire équilibrer. En 2015, la dette du régime général et du Fonds de solidarité vieillesse était de 70 milliards d'euros.

De l'autre côté de la barre, on nous dit que, par définition, le système des retraites publiques est équilibré. La belle blague ! L'État l'abonde chaque année de façon directe ou indirecte à hauteur de 41 milliards d'euros, prélevés sur l'impôt des Français pour boucher les trous de la retraite des agents publics. L'État cotise à hauteur de 75 % pour les retraites civiles et jusqu'à 135 % pour les retraites militaires. La part salariale versée par les fonctionnaires au titre de la retraite est ridiculement basse compte tenu des pensions versées. C'est un peu comme si l'État payait deux fois ses agents, ou à défaut comme si les contribuables payaient deux fois pour les retraites. Une fois en cotisant pour leur propre retraite. Une autre fois en payant par l'impôt une grosse partie de la retraite des fonctionnaires.

En raison de cet avantage exorbitant, la retraite des fonctionnaires échappe aux contraintes de la démographie. Les déséquilibres ayant toujours été compensés par l'État (l'impôt se substitue aux cotisations), le rapport cotisants/bénéficiaires importe peu. La gestion des caisses de retraite des agents publics présente donc un caractère budgétaire (on se sert dans le budget de l'État) et non un caractère social comme pour les autres salariés. Aussi, pour évaluer la vraie dette du système de retraite, il convient d'intégrer les engagements dits « hors bilan » de l'État, c'est-à-dire les provisions qu'il doit consentir pour garantir le fonds de retraite de ses agents. L'économiste et énarque Jean-Yves Archer parle de « déchetterie budgétaire » pour qualifier cette famille des engagements hors bilan. Une déchetterie qui représente plus de 3 300 milliards d'euros, soit à peu près le double de la dette dite « maastrichtienne » de la France. À la différence du privé, l'État ne provisionne pas au fur et à mesure les droits à la retraite de ses agents. Il les compile dans un compte virtuel qui est celui de ses engagements (non décaissables en temps réel).

La retraite des fonctionnaires présente donc un caractère non contributif. Elle est financée par la dette ou, à défaut, par une dette à crédit. Loin de l'équilibre, ce modèle présente un déséquilibre contributif scandaleux. Il est temps d'y mettre fin pour respecter l'esprit de la République.

3

L'ÉQUATION DU FINANCEMENT

Dans le domaine des retraites, l'État n'a jamais été à un mensonge près. Et pour cause… s'il fallait intégrer ses engagements dits hors bilan, le déficit public serait très supérieur à celui qui est officiellement affiché. Quand l'État apporte une garantie aux emprunts de l'assurance chômage, quand il prévoit la retraite à venir de ses fonctionnaires, le montant des provisions pour pension est inscrit dans un document extérieur à son budget. On parle alors d'engagements hors bilan pour une enveloppe totale de plus de 3 300 milliards d'euros. Une paille ! Sur cette somme, les engagements de l'État, associés aux différents régimes publics de retraite, représentent une bonne moitié : fonctionnaires civils, militaires, employés des Postes[1].

1. Lire l'économiste Jean-Yves Archer et ses publications sur Le Cercle/*Les Échos*.

Les chiffres cachés de la dette

Jean-Yves Archer rappelle à cet égard que le poste « subventions aux régimes de retraite et subventions d'équilibre aux régimes spéciaux se situe à hauteur de 274 milliards, dont 137 pour la seule SNCF ». Mais, précise-t-il, c'est un sujet vite polémique, comme la fin d'année 1995 l'avait montré. « En République, être pudique sur des chiffres du secteur public n'est jamais gage d'éthique. Le gouvernant mise sur la crédulité ou sur l'hypoalgésie[1], tandis que le mal perdure et enfle. Un simple chiffre : avec 3 300 milliards d'euros, le hors-bilan représente 158 % du PIB. Quant à sa dynamique, elle est nette : en 10 ans, ce hors-bilan a été multiplié par 3,5 et ces chiffres alimentent le contenu d'une réflexion à placer dans le quatrième côté du carré noir du questionnement public. » De surcroît, ajoute Jean-Yves Archer, l'État ne perçoit plus qu'1 petit milliard d'euros en compensation des garanties qu'il apporte. Un rapporteur de la Cour des comptes, Raoul Briet, souligne à juste titre que « plus la protection de l'État a été recherchée, moins elle a été rétribuée par les entités qui en bénéficiaient[2] ». L'État est décidément cette fiction dans laquelle chacun pense pouvoir s'enrichir au détriment de tous les autres[3].

1. Diminution de la perception et de la réactivité à la douleur.
2. Rapport de 2013, sous la direction de Raoul Briet, président de la 1re chambre.
3. « L'État est la grande fiction à travers laquelle tout le monde s'efforce de vivre aux dépens de tout le monde » (Frédéric Bastiat, *Journal des débats*, 25 septembre 1848).

La question de la retraite préoccupe beaucoup l'opinion. Et pour cause ! La pension de retraite est parfois le seul revenu des seniors. Tout le reste, dont les petits revenus immobiliers d'appoint, est l'objet du fiscalisme qui frappe la France depuis la nuit des temps. Emmanuel Macron a décidé de taxer tout ce qui ne bouge pas, à commencer par les revenus immobiliers, faisant ainsi des retraités les premières vraies victimes du macronisme économique ! Et c'est sur leur revenu, celui des pensions, que l'État est venu se servir. L'augmentation de la CSG sur les retraites, début 2018, à l'exception des petites pensions, a suscité la colère des intéressés et de la gauche. Les retraités ont moins que d'autres accès à de petits emplois qui produisent des revenus additionnels – sauf peut-être les militaires qui, eux, bénéficient d'un régime spécial ! Au surplus, l'opinion voit émerger progressivement une quatrième dépendance, celle du grand âge, qui mobilise des moyens financiers importants. Les plus pauvres se voient mourir dans des Ehpad, isolés et maltraités. Les images de la misère sociale du quatrième âge ont renforcé les inquiétudes autour de nos régimes de retraite. Dans ce contexte, la situation plus favorable faite aux régimes spéciaux agace une partie des Français.

Dans un ouvrage consacré aux retraites complémentaires, François Charpentier rappelle que « le premier basculement se produit en 1973 avec le premier choc pétrolier » et qu'il « met fin aux Trente Glorieuses, période marquée par une croissance économique forte et continue[1] ». Les années 1970 sont marquées d'une part

1. François Charpentier, *Les Retraites complémentaires Agirc-Arrco*, coll. « Que sais-je ? », Presses universitaires de France, 2016.

par une crise profonde et durable qui alimente l'inflation, détruit de la valeur et entraîne un ralentissement général de nos économies occidentales ; d'autre part par l'arrivée sur le marché du travail des générations nombreuses de l'après-guerre. Ajoutons, au début des années 1980, l'abaissement de l'âge de la retraite à 60 ans, la réforme promise par le candidat François Mitterrand, élu en 1981, et nous obtenons toutes les conditions d'une crise durable du système des retraites. Il faudra attendre le réalisme de Michel Rocard et le *Livre blanc sur les retraites* pour que soit enfin posée la problématique de régimes peu financés, voire dans le cas des régimes spéciaux mal financés. En 1991, le courageux Michel Rocard écrivait déjà de façon prophétique : « Prendre des mesures radicales pour réformer les retraites ? De quoi faire sauter cinq à six gouvernements ! »

La France dépense aujourd'hui 760 milliards d'euros par an (frais financiers et de gestion compris) pour financer sa protection sociale. 325 milliards sont affectés à servir les pensions de retraite. Cette dépense, la plus élevée de la protection sociale, est incompressible et reconductible. On peut réduire les dépenses de santé, celles associées à la famille, l'assurance chômage, mais pas les dépenses de retraite, qui sont en réalité un revenu différé. Le modèle français de retraite par répartition, qu'il faut opposer au modèle de retraite par capitalisation, est avant tout le produit d'un choix politique.

Dans la période de l'après-guerre, le gouvernement et la puissante CGT imposent un nouveau régime obligatoire et universel qu'ils veulent irréversible. Ainsi, la loi de généralisation de la Sécurité sociale de mai 1946 précise que la redistribution des revenus ne « peut être satisfaisante que si elle englobe l'ensemble de la population et que si elle repose sur une large solidarité nationale ». Rétroactivement, on s'étonne que certaines populations professionnelles comme les gaziers, les cheminots, les électriciens, les mineurs bénéficient d'un régime de retraite séparé des autres ! Où est l'universalité, quand des secteurs entiers sont exonérés des règles sociales de droit commun ?

On a menti aux Français. La période d'après-guerre est celle des grandes escroqueries sociales. Sous couvert d'égalité républicaine et de rétablissement de la dignité nationale, on proclame des droits pour tous mais on sanctuarise les droits acquis des enfants chéris de la République, les fonctionnaires et les agents des entreprises publiques. Là encore, l'explication est politique. Non seulement les grands secteurs structurants bénéficient de régimes à part depuis le début du XXe siècle, mais ils sont aussi et surtout des bastions politiques et syndicaux de la CGT et du parti communiste, cogouvernant au côté du général de Gaulle. Il faut protéger les siens, leur distribuer des avantages afin de construire des forteresses syndicales.

En 2018, longtemps après ces premières pierres de l'édifice clientéliste de la puissante CGT d'après-guerre, Philippe Martinez, le secrétaire général du syndicat, se pose en héritier de cette politique et pèse de tout son poids pour empêcher, retarder ou infléchir la réforme de la SNCF votée par le parlement au mois d'avril de la même année. La bataille sociale autour des régimes spéciaux prévue en 2020 s'annonce tendue. De ce point de vue, la réforme du rail a fait figure de tour de chauffe. Le texte a été adopté et la France a transposé les directives européennes votées pendant le mandat de François Hollande. Il existe un lien quasi organique entre la réforme du statut des cheminots et les retraites. Le statut comprend des dispositions sociales comme celle du régime spécial des retraites.

Mais le lien est également politique. Nous sommes en présence du même paradigme social. Celui des citadelles corporatistes de la République. Elles se sont bâties par agrégations successives. Déconstruire le millefeuille prend du temps. Pour autant, il ne s'agit pas de mettre à bas des avantages acquis ou d'appauvrir des populations professionnelles particulières. Les cheminots comme les autres agents publics doivent percevoir des revenus de remplacement dignes, mais sur la base d'un calcul équitable. Jusqu'à ce jour, les uns se sont « enrichis » au détriment des autres, et cette formule n'a rien de démocratique.

Que disent les chiffres ? Nous avons, en France, les retraités les mieux lotis de l'Union européenne et les régimes les plus généreux. Le mécanisme actuel réserve aux salariés français un taux de réversion de 60 % du dernier revenu exprimé en brut, contre 38 % chez nos voisins allemands. Les régimes spéciaux bénéficient de leur côté de conditions très favorables : âge de départ, taux de cotisation, derniers salaires pris en compte, etc. Il n'est de modèles durables que ceux qui sont financés.

Déséquilibres privé/public : une insulte à l'égalité républicaine

D'où vient cette anomalie persistante des régimes spéciaux français ? Comment ont-ils survécu à l'histoire sociale du XXe siècle et pourquoi devoir les réformer ? Pour comprendre, il faut aller puiser dans la pensée économique. En 1962, deux économistes américains de l'université du Michigan, dont l'un sera nobélisé, publient un travail académique sur la théorie des choix publics (*calculus of consent*). Ils appliquent à la science politique les outils de compréhension et d'analyse de l'économie et la théorie des jeux. C'est d'ailleurs ce dernier point qui doit retenir notre attention. Dans l'esprit de Buchanan et Tullock, le jeu doit produire des gagnants conscients et complices et des perdants inconscients de leur situation de défaite. La question posée est celle de l'efficience des choix politiques (et non de leur efficacité). L'efficience se mesure à la capacité de rendement politique d'une décision ; l'efficacité est un optimum dans l'allocation de moyens pour obtenir un résultat économique satisfaisant. La plupart des situations économiques dégradées s'expliquent par de mauvais choix de départ. On trouve toujours une mauvaise raison politique derrière un problème économique chronique. C'est exactement le cas des retraites. L'État veut la paix sociale et il protège ses employés au détriment de tous les autres car leur capacité de nuisance est élevée. Qu'importe, puisque la poussière a été poussée sous le tapis, en l'espèce dans les comptes cachés de l'État, ceux qui sont hors de son bilan. Dans la littérature de l'université du Michigan, il existe donc clairement une théorie scientifique des choix publics[1].

Cette théorie explique la propension française à distribuer des rentes ou des avantages à certaines populations. James Buchanan et Gordon Tullock démontrent, dans leur théorie des choix publics, que l'ignorance des citoyens sur des sujets complexes permet à des sous-populations (professionnelles, ethniques ou religieuses, par exemple) d'obtenir des avantages exorbitants du droit commun qui peuvent s'apparenter à des rentes. Un grand économiste, Schumpeter, le père de la « destruction créatrice », s'inquiétait notamment du risque d'incompétence des citoyens dans une société complexe.

Le sociologue Raymond Boudon en appelle, lui, au concept de dignité. Il formule l'hypothèse que l'optimum démocratique repose sur le profil du « spectateur impartial », une personne qui aurait une conscience claire de ses intérêts individuels et des intérêts collectifs, quelqu'un qui serait un arbitre juste et raisonnable. L'hypothèse est évidemment très théorique. La société n'est pas faite que du « spectateur impartial », dont on peut supposer que sur telle ou telle question, il échappera à ses passions et à ses intérêts. Au centre de nos démocraties dort une passion insatiable pour l'égalité (Alexis de Tocqueville) mais, sous le poids de la complexité, de l'histoire, des habitudes sociales, elle est confrontée à des rentes constituées. Tocqueville avait senti le piège du ressentiment

1. James M. Buchanan, Gordon Tullock, *The Calculus of Consent*, Université du Michigan, 1962. Étude scientifique des facteurs économiques et politiques qui influencent la décision publique.

quand l'égalité est niée dans les faits. Dans le dossier des retraites, peu à peu, l'ignorance du peuple laisse place à la conscience de situations extravagantes. Les yeux se sont ouverts. Témoin, ce sondage réalisé par la Fondation pour l'innovation politique (Fondapol) publié sous forme de livret en novembre 2018[1]. Les personnes interrogées par Fondapol estiment que le système de retraite actuel est fragile (90 %), inégalitaire (85 %), compliqué (84 %), dépassé (73 %), désavantageux pour les retraités (81 %), coûteux pour les personnes en activité (73 %) et risque de disparaître (85 %). Le jugement est très défavorable, mais il pose la question du soutien social et de l'adhésion collective à la disposition la plus symbolique de notre république sociale.

Dans un système démocratique, la décision publique est obtenue soit à la majorité, soit à l'unanimité. En France, les décisions se prennent à la majorité dans les assemblées ou lors des élections. Cette majorité peut être qualifiée. À l'échelon européen, les décisions sont prises à l'unanimité dans l'Europe des vingt-huit. C'est d'ailleurs ce qui explique la paralysie de l'institution. Buchanan et Tullock appliquent donc la logique d'efficience au cas de la décision publique :

a) une décision prise à la majorité impose une quantité variable de coûts externes et de coûts de transaction. Mettons-nous d'accord sur le fait que les coûts de transaction synthétisent les coûts associés à la prise de décision ;

1. « Les Français jugent leur système de retraite », Fondapol/Ifop, novembre 2018, échantillon de 3 001 personnes, représentatif de la population âgée de 18 ans et plus.

b) une décision prise à l'unanimité comporte peu de coûts externes mais des coûts de transaction très élevés.

Comme il n'existe pas d'unanimité citoyenne sur la question des régimes spéciaux, les pouvoirs publics ont choisi volontairement un modèle socialement inefficace. Ils ont accepté de faire payer à la collectivité des coûts d'ajustement élevés en échange d'une paix sociale à peu près constante dans des secteurs stratégiques. On peut résumer les choses en revenant à la double courbe du prix et du risque. Quand dans un calcul d'opportunité, on obtient une courbe du prix faible, c'est en général que celle du risque est très élevée. L'inverse est vrai aussi, et c'est précisément ce qui a inspiré la décision publique dans le cas des régimes spéciaux de retraite : une courbe du prix très élevée pour une courbe du risque (politique) faible.

En décidant de réformer les retraites, Emmanuel Macron a ouvert la boîte de Pandore… et il a bien fait ! Les déséquilibres cachés apparaissent. La contribution publique aux régimes spéciaux est désormais notablement connue et les Français aspirent à un modèle plus équitable. Tous les gouvernements passés, de droite comme de gauche, ont abdiqué face à l'ampleur de la tâche et des risques politiques encourus. La droite étatiste du général de Gaulle et tous ceux qui lui sont affiliés se sont implicitement convertis aux idéaux égalitaires de la Révolution française. De Gaulle devait collaborer avec la gauche communiste, il a laissé faire ; mais, à sa décharge, le modèle fonctionnait plutôt bien. Le progrès imposait de maintenir les acquis et d'ouvrir le droit à des solidarités comparables pour le secteur privé. Ce modèle favorable aux acquis et moins généreux avec les nouveaux entrants de la solidarité organisée a prospéré dans un pays où le volume de la richesse créée a très vite augmenté.

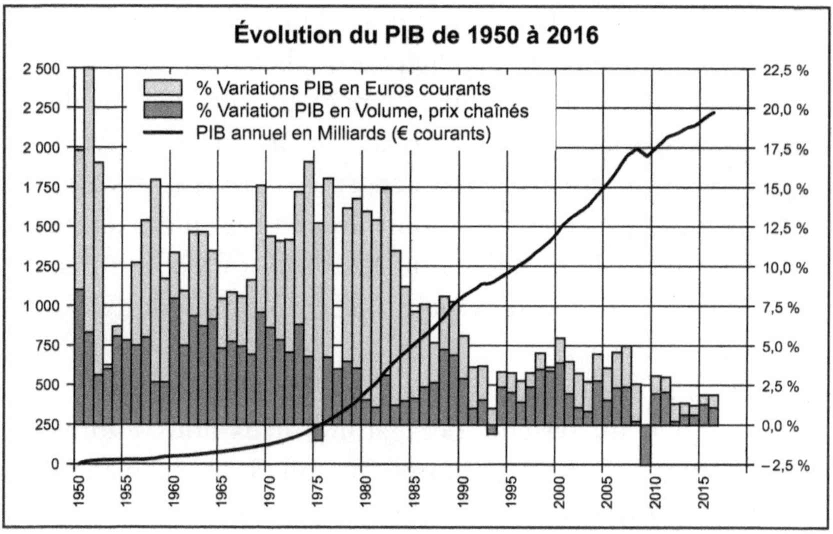

Source : France-inflation.com

Puis, avec l'usure de la crise pétrolière des années 1970, dont les effets infusèrent progressivement, il a perdu de sa pertinence. Aujourd'hui, on finance le bien-être social avec de la dette, ce qui est en tout point irresponsable pour ceux qui arrivent. La République doit réactualiser le compromis social passé avec les Français. Il faut être lucide, se dégager de l'étatisme pour tenir compte des changements démographiques et économiques. C'est à ce prix que nous pourrons maintenir en France un système de solidarité durable.

Le choix public constant, loin d'être optimal, a été celui de tous les gouvernements, de la Libération jusqu'à 2019, année de la réforme du modèle des régimes spéciaux. Si on devait se placer dans la peau d'un agent économique rationnel, on dirait que le choix politique d'Emmanuel Macron est optimal puisqu'il supprime des coûts externes inexplicables. Un deuxième argument décisif plaide pour la réforme des régimes spéciaux. Il est parfaitement résumé par Stéphane Hamayon et Michel Rouquès dans un ouvrage consacré au financement des régimes spéciaux : « L'ouverture des marchés et l'émergence d'une concurrence acharnée dans des secteurs jusqu'à présent quasi monopolistiques pose en des termes préoccupants le problème du handicap que constituent les charges de retraites pour les entreprises dotées de régimes spéciaux[1]. »

Pour utiliser des mots simples, les régimes spéciaux constituent un système dérogatoire, mais nous sommes en France, et pas aux États-Unis ou dans un pays de culture protestante, où l'équité est un attribut du politique et une exigence des citoyens. Nous savons tous que les réformes butent sur l'acceptabilité sociale quand elles sont perçues comme le retrait d'un avantage acquis. Emmanuel Macron est donc décidé à mettre un terme au modèle des régimes différenciés de retraite en même temps qu'il entend proposer une réforme générale des retraites. On s'étouffe en effet en constatant leur diversité et leur coût pour la collectivité : régime spécial de la Comédie-Française, de l'Opéra de Paris, des cheminots, des gaziers et électriciens, des clercs de notaire, des marins, des parlementaires, des salariés du port autonome de Bordeaux, de la Banque de France, les régimes de la

1. Hamayon et Rouquès, *Le Financement des systèmes de retraite spéciaux, une approche internationale*, Éditions ASPE-Europe, 1997.

fonction publique, ou plutôt des fonctions publiques… La liste est longue et surprenante. L'enjeu de la réforme s'inscrit dans les principes fondateurs d'une république sociale où 1 euro cotisé devrait donner droit aux mêmes prestations.

Ce que retraite veut dire

Le XXe siècle a été celui de la protection des droits humains et cet héritage doit être préservé. Tout le débat sur le sens du progrès est là. La croissance doit servir aux individus. Elle ne se résume pas à une compilation de chiffres, même si l'économie impose quelques règles simples de bonne gestion du bien commun. La retraite est devenue un fait social par étapes. Elle s'est imposée d'abord dans des secteurs particuliers et stratégiques de l'économie qui seront pour la plupart fusionnées dans le secteur public au lendemain de la Seconde Guerre mondiale. Énergie, transports, automobile, charbonnages… La France de la Libération consacre ses champions nationaux. Elle nationalise par idéologie et aussi pour effacer l'affront de la collaboration avec le régime nazi, dans le cas par exemple de Renault. Dans cet univers de reconstruction, la création de la Sécurité sociale est une étape décisive. Les ordonnances du 4 au 19 octobre 1945 bâtissent l'édifice de notre protection sociale : maladie, famille, retraite. La retraite est dès lors un fait social national en même temps qu'un fait politique de première importance. Pour les Français, un fait social est en général un fait acquis.

Dans l'histoire sociale française, le XXe siècle est tout à la fois un siècle de luttes sociales et de construction autant que de consolidation des droits. La promesse des humanistes du XVIIIe siècle est tenue avec retard. La retraite nous invite au passage à nous interroger sur le prix d'une vie humaine, sur le droit à vieillir dignement, sur la protection des droits gagnés au cours d'une vie de travail. En France, la loi l'a toujours emporté sur le contrat, un concept anglo-saxon dans lequel la volonté des parties l'emporte sur tout le reste. La France préfère la loi, égalisatrice, généraliste, universelle. C'est l'une des raisons pour lesquelles elle a choisi le modèle de la retraite par répartition, qu'il faut opposer au modèle par capitalisation. Jean-Paul Delevoye, le haut-commissaire à la réforme des retraites, le confirmait dès le mois de mai 2018 en lançant les consultations en vue de la réforme : « Il faut construire un modèle qui corresponde à notre ADN avec le maintien d'un système de répartition par cotisation couvrant un maximum d'actifs. »

Évoquant l'exemple suédois, où la capitalisation est une option ouverte, Jean-Paul Delevoye ajoutait que la part de capitalisation repose en Suède sur un ensemble de 800 fonds de pension (que nous n'avons pas) et que « ce n'est pas notre philosophie[1] ». Le cas de Jean-Paul Delevoye est à cet égard très intéressant. Comme beaucoup d'autres hommes et femmes de droite, il a adhéré aux idéaux humanistes transmis par l'héritage gaulliste. Une partie de la droite française a longtemps pensé à gauche, surtout sur le terrain social, quitte à emprunter à la gauche sa propension à privilégier l'endettement. Elle adresse parfois des signaux pour mieux reconnaître l'initiative et encourager le mérite personnel, mais elle

1. Entretien au *Parisien*, 31 mai 2018.

ne songe jamais à changer ce modèle hérité des acquis sociaux du XXe siècle.

Le dossier des retraites représente pourtant un formidable terrain de jeu idéologique. Il pose la question de la responsabilité des individus, du juste retour des choses. La fourmi devra-t-elle éternellement payer pour la cigale ? Ne se doit-on pas à soi-même avant de devoir aux autres ? Autrement dit, ne faudrait-il pas encourager la part de liberté qui est en chaque vie sans pour autant renoncer au socle social des solidarités ? La France hésite encore. Quoi qu'il en soit, elle est confrontée comme toutes les vieilles démocraties à un phénomène unique dans l'histoire de l'humanité : le vieillissement moyen de sa population. Un quart et bientôt un tiers des personnes qui vivent en France seront en âge d'être retraitées dans la mesure où elles auront plus de 60 ans. Le défi n'est pas seulement économique et financier. L'essai sur la « société du vieillissement » de Jean-Hervé Lorenzi (président du Cercle des économistes) et de ses coauteurs s'intitule *L'Erreur de Faust*[1]. L'enjeu n'est pas de rester éternellement jeune ; il est de s'inscrire dans une société du bien-être, fondée « sur l'activité économique au sens où cette activité permet de développer des capacités, l'activité prévient la solitude, elle permet de gagner de la liberté et de la respectabilité sociale ». Ils complètent avec « le souci de soi » et « la connaissance, l'acquisition de savoirs, la curiosité, la découverte, l'éducation ».

Nous avons trop longtemps considéré la retraite comme l'antichambre de la fin. Elle peut, elle doit

1. Descartes & Cie, 2019.

devenir un temps reconquis, fondé sur des conditions de vie satisfaisantes et sur des activités socialisées. On peut pardonner l'État quand il est pris au dépourvu et confronté à des situations imprévisibles ou irrésistibles. On ne comprendrait pas, en revanche, qu'il ne tienne pas compte des prévisions sur le vieillissement de la population. Le modèle actuel de la répartition ne sera jamais en état de répondre aux besoins des seniors, et plus le temps passe, plus il sera nécessaire d'identifier d'autres pistes de financement des besoins, comme celle de la capitalisation. Les deux modèles sont d'ailleurs parfaitement compatibles. L'un n'exclut pas l'autre. Au contraire même, les rendements actuels de la capitalisation ouvrent des perspectives saisissantes pour financer le bien-être des retraités.

La prévoyance

Dans un État libéral, l'individu dispose de lui-même. Il bénéficie pour cela d'un cadre facilitateur, adossé aux incitations plus qu'à la contrainte. Il peut aussi bénéficier de la prévoyance de la société. L'État consent des droits mais il n'est pas l'État-providence, la « grande nurserie », pour reprendre la formule du juriste Mathieu Laine. Chaque service fourni a été financé et l'État libéral entend que la liberté soit associée aux exigences de la responsabilité. Les prélèvements sociaux faussent toutes les règles de production et de concurrence. Ils installent et entretiennent des rentes au profit de quelques-uns, mieux protégés que les autres (SNCF, RATP, EDF-GDF, fonctionnaires de l'Assemblée nationale, en France).

À cet égard, notre tendance nationale à consolider des citadelles sociales pèse sur l'ensemble de la chaîne de production des biens et des services. L'État libéral consent la solidarité quand elle est équitablement financée. Pour le reste, il s'en remet à la sagesse des agents économiques et ne fait rien pour inciter les plus imprudents à ignorer leur propre avenir. Allons un peu plus loin dans la pensée libérale. Dans cette société-là, à aucun moment l'État ne prend le contrôle de votre vie. Il respecte trop la liberté et la sphère privée pour administrer seul les vieux jours des seniors. On trouve des formes diverses de cette philosophie politique en Grande-Bretagne, aux États-Unis et dans des pays comme le Canada et l'Australie. L'esprit protestant soutient cette pensée. L'être humain est considéré comme adulte. Il n'est pas essentialisé en sujet, mais traité en acteur de sa vie.

L'économiste et sociologue danois Gustave Esping Andersen, auteur d'études comparées sur les modèles de protection sociale, s'est beaucoup penché sur la crise de l'État-providence[1]. Il rappelle que cet État protecteur est né puis s'est développé dans le sillage des deux grandes guerres du XXe siècle, en cherchant à réduire la dépendance des individus au marché, pour leur propre protection sociale et médicale. Tout au long de la période comprise entre la fin de la Première Guerre mondiale et l'élection présidentielle de 2017, cette philosophie politique étatiste a prévalu en France.

Dans le modèle social-démocrate, l'État vise la démarchandisation totale et inconditionnelle de la protection

1. *The Three Worlds of Welfare Capitalism*, Princeton University Press, 1990 ; 1999.

sociale. Cet État-providence émancipe les individus de toute forme de tutelle familiale ou financière. Dans ce monde politique, pas seulement limité aux pays d'Europe du Nord, l'État et la société ont choisi d'investir dans les prestations sociales. La grave crise politique et financière suédoise des années 1990 a remis en cause la générosité du dispositif de prévoyance sociale et le pays a été parmi les premiers à encourager la souscription à des fonds de retraite par capitalisation. Pire aux yeux d'un Français, le modèle suédois mise cyniquement sur l'espérance de vie d'une génération donnée pour déterminer le taux de remplacement accordé aux retraités d'une classe d'âge !

Esping identifie un troisième mode de gouvernance, qu'il qualifie de « corporatiste ». Dans les sociétés fortement influencées par le catholicisme (Belgique, Luxembourg, Allemagne, Espagne, Italie, Autriche) où le régime corporatiste est fondé sur l'organisation en métiers, la loi impose *erga omnes* le principe d'une assurance obligatoire. Anne Lavigne, économiste de l'université d'Orléans, peut écrire que le modèle conservateur ou corporatiste s'appuie sur le régime dit bismarckien en articulant les solidarités autour du lien salarial[1]. Les prestations ne sont toutefois pas totalement démarchandisées puisqu'elles sont adossées à des cotisations (et donc à un système de financement monétaire). Le modèle de gouvernance corporatiste ou conservateur de la protection sociale privilégie la solidarité intergénérationnelle (une créance sur les générations futures), mais il se heurte à deux écueils : les générations ne sont pas

1. Anne Lavigne, *Économie des retraites*, La Découverte, coll. « Repères », 2013.

égales en nombre ; et le taux de remplacement calculé sur la base de la contribution individuelle transforme des salariés aisés en retraités aisés et des travailleurs pauvres en retraités pauvres.

En France, notre système de retraite a longtemps été financé dans des conditions démographiques favorables. En 1960, quatre personnes cotisaient pour un retraité. Au début des années 2010, c'était 1,8 cotisant pour 1 pensionné, et nous nous dirigeons vers un modèle à 1,2 financeur pour 1 bénéficiaire. Un autre chiffre donne le tournis. En 1967, les retraités étaient 3 millions, ils sont aujourd'hui autour de 17 millions et vivent beaucoup plus longtemps, en moyenne 28 ans après avoir quitté leur dernier emploi[1] ! Ces deux données chiffrées expliquent à elles seules que le taux de remplacement ait baissé au fil du temps. Il est passé de 56 % de la base de salaire retenue en brut à seulement 50 %. Pour les salariés affiliés à des régimes spéciaux tout au long d'une vie professionnelle, le calcul des droits à la retraite est simple. Pour beaucoup d'autres, en revanche, pour tous ceux qui ont eu une vie professionnelle diversifiée, l'adhésion à des caisses multiples complique les calculs. Chaque assuré cotise à 3,1 régimes différents selon le haut-commissariat aux retraites, et un tiers à 4 ! Chaque régime à ses propres règles et tous les salariés ne sont pas traités à égalité.

1. 14 139 534 retraités en France recensés et payés au 31 décembre 2017, selon les chiffres fournis par le site web de la Cnav (Caisse nationale d'assurance vieillesse).

Choisir la cohérence

L'idée du monopole étatique de la retraite se développe en Angleterre autour de la pensée de l'économiste William Beveridge, défenseur d'un service public des retraites unique et uniforme. Beveridge est l'une des figures authentiques du travaillisme anglais : une forme de socialisme soluble dans une société protestante où le mérite n'est jamais tout à fait absent. Toutefois, la contribution de Beveridge va au-delà de l'anecdote. Son rapport au parlement anglais (*Report on Social Insurance et Allied Services*) fonde les bases de l'État-providence qui sera mis en œuvre par les travaillistes au lendemain de la Seconde Guerre mondiale. Proche de Keynes, Beveridge estimera à juste titre que l'État-providence ne peut être efficace que dans une situation de plein emploi. Comme on le voit, nous n'avons rien découvert de neuf. Beveridge et ses amis travaillistes keynésiens avaient compris que seuls la croissance et le plein emploi étaient susceptibles de financer une conquête sociale aussi lourde que la retraite et les assurances sociales.

Nous, Français, avons aimé les monopoles sectoriels, mais notre système de retraite est resté éclaté. Il en est résulté de grandes inégalités, dans la mesure où les régimes particuliers ont prospéré de façon itérative. À chaque conflit social, à chaque mouvement revendicatif, les bénéficiaires de ces retraites sectorielles ont réclamé un peu plus. On ne les blâme pas car cette démarche est humaine. Après tout, les syndicats défendent les intérêts matériels et moraux des salariés, mais le millefeuille a lui aussi prospéré, et les avantages acquis se sont empilés au point de devenir si lourds qu'ils ont dû être portés par tous. Les zones de frottements se sont multipliées, l'État a dû financer des besoins sans cesse plus importants. Or, l'État, c'est chacun d'entre nous. Pour la seule SNCF, nous avons collectivement apporté 60 % des besoins de financement du déficit du régime spécial de retraite des cheminots en 2017, soit 3,3 milliards d'euros. Le vase déborde. Un pays comme la France, qui entreprend tous les 10 ans une réforme des retraites, ne peut que s'interroger sur la portée de sa politique sociale.

De Bismarck à Beveridge

La tradition politique oppose deux visions de la retraite en Europe qui sont aussi deux visions du modèle social et de l'État-providence. Pourquoi en Europe ? Car c'est sur le Vieux Continent, le premier à avoir embrassé la révolution industrielle, que le financement des accidents de la vie et du grand âge s'est le premier posé à l'échelon collectif. L'Histoire souvent idéalisée du mouvement social, essentiellement portée par les héritiers de Marx, en fait crédit au seul mouvement ouvrier. C'est lui et lui seul qui aurait arraché les conquêtes sociales de l'ère industrielle.

Rien n'est plus contestable. Les forces sociales ont joué un rôle, mais en Allemagne c'est bien Bismarck le ministre-président du royaume de Prusse qui, le premier, pose les bases d'un modèle social protecteur : assurance maladie en 1883, assurance accidents du travail en 1884, et assurance invalidité et vieillesse en 1889. Bismarck s'inspire des mesures sociales mises en œuvre chez Krupp dès 1863. En échange de leur fidélité régulièrement renouvelée, le patron du groupe sidérurgique allemand offre des assurances sociales à ses ouvriers. Elles concernent l'accident, la maladie et la retraite. Krupp, fondée en 1812, a été pendant longtemps la première entreprise allemande. Bismarck est également influencé par la Commune de Paris, en 1871. La révolution socialiste l'inquiète. Il aura à cœur de travailler au mieux-être de la classe ouvrière. Il aura même tendance, à travers ses lois, à anticiper certaines demandes sociales encore peu formulées.

Ne soyons cependant pas naïfs. Bismarck joue la carte sociale pour contourner l'influence des partis et syndicats ouvriers et pour éviter la montée de la colère des travailleurs. Il n'hésite pas à parler de socialisme d'État, sans doute pour rassurer. Nous sommes au XIXe siècle. Le bruit et la fureur des révolutions ont fait trembler ou tomber plusieurs régimes européens. Bismarck a lancé le mouvement. Il sera ensuite géré par les entreprises. La gauche allemande a tout fait pour éviter le spectre du « royaume social » dont le chancelier rêvait pour appuyer ses ambitions. Les entreprises héritent donc de la gestion des conquêtes sociales. Doit-on y voir les racines du modèle rhénan, ce capitalisme de connivence dans lequel entrepreneurs, salariés, syndicalistes et banquiers se retrouvent en situation de cogestion ?

La réforme des retraites sera la dernière mise en œuvre par Bismarck, autant par devoir que par conviction. Elle est connectée au monde du travail, dans des « caisses autonomes organisées par catégories professionnelles » et gérée par un collège mixte d'employés et d'employeurs. Les Français n'ont pas inventé le paritarisme, il est consubstantiel au modèle allemand, fondé sur la coopération.

Pour reprendre la formule de l'économiste Anne Lavigne, le système bismarckien est assurantiel, contributif et paritaire. Il couvre le risque de l'aléa par contribution ou cotisation et il est géré par ceux qui l'abondent. C'est une forme d'autogestion, de socialisme réaliste dès lors que des règles de bonne gestion y sont appliquées.

Synthèse du modèle bismarckien proposée par le site vie-publique.fr

- Protection fondée uniquement sur le travail et sur la capacité des individus à s'ouvrir des droits grâce à leur activité professionnelle ;
- Protection obligatoire ;
- Protection reposant sur une participation financière des ouvriers et des employeurs qui prend la forme de cotisations sociales ;
- Cotisations qui ne sont pas proportionnelles aux risques – comme dans la logique assurantielle pure – mais aux salaires : on parle ainsi de « socialisation du risque » ;
- Protection gérée par les salariés et les employeurs.

Certains historiens ont tendance à opposer le modèle bismarckien à celui de l'anglais William Beveridge, sans doute l'un des penseurs les plus éclairés de la première partie du XXe siècle anglais. À la différence du modèle allemand, Beveridge va déconnecter l'assurance du volume des cotisations. Les prestations reçues sont forfaitaires, indépendantes des cotisations versées. Beveridge présente son « Rapport au parlement sur la Sécurité sociale et les prestations connexes » en 1942 dans une Angleterre mobilisée par la guerre. William Beveridge s'inscrit dans la tradition du travaillisme anglais, social et compatible avec l'économie de marché. Il est lui-même candidat libéral à des élections locales. Il n'entend pas contester les bases du capitalisme, mais il propose de lutter contre les grands maux de la société : le besoin, la maladie, l'ignorance, la misère et… l'oisiveté. Sa philosophie se résume autour de la logique des « 3 U » :

– *universalité* : tous les travailleurs doivent profiter d'une couverture contre les risques sociaux, quel que soit leur statut professionnel ;

– *uniformité* : contributions égales ou non, les prestations reçues sont identiques ;

– *unicité* : un seul et même service public gère les flux du système de retraite.

Synthèse du modèle Beveridge proposée par vie-publique.fr

- **Universalité** de la protection sociale par la couverture de toute la population (ouverture de droits individuels) et de tous les risques ;
- **Uniformité** des prestations, fondée sur les besoins des individus et non sur leurs pertes de revenus en cas de survenue d'un risque ;
- **Unité** de gestion étatique de l'ensemble de la protection sociale ;
- financement fondé sur l'impôt.

Dans les deux cas, le modèle de retraite proposé reste très social. On ne rentre pas dans le champ de l'économie marchande. La retraite n'est pas considérée comme une marchandise, mais comme un droit auquel on accède à des conditions différentes, par sa contribution ou par l'impôt.

Il faut ici faire la nuance entre les principes d'assurance et d'assistance. L'assurance répond à une démarche volontaire, soit individuelle soit publique. Pourquoi publique ? Parce que la société peut rendre obligatoire un dispositif en considérant que seule une couverture universelle du risque sera efficace. Si chacun pouvait s'assurer contre les risques à hauteur de ses moyens et de sa volonté, aucun modèle ne serait assez solide pour garantir la couverture du risque pour tous. L'universalité mutualise les moyens associés à la couverture du risque. L'assurance sociale est un jeu d'aller et retour entre les principes de contribution-rétribution, même si, dans le cas de la retraite, la solidarité est intergénérationnelle.

Et pour cause. On peut échapper à la maladie, plus difficilement à la retraite (dans la majorité des cas) ! Pour dire les choses différemment, la probabilité d'être un jour confronté à la retraite est supérieure à d'autres risques sociaux. L'assistance, à la différence de l'assurance, renvoie à la société la charge de la solidarité. On sort de la logique contribution-rétribution pour entrer dans un monde de solidarité financée par l'impôt. La société considère qu'elle doit assistance à des personnes en situation de détresse sociale. Toutes proportions gardées, c'est la logique du minimum vieillesse et des minimas sociaux. « La loi du 22 juillet 1993 relative aux pensions de retraite et à la sauvegarde de la protection sociale, en organisant la séparation entre les prestations relevant de l'assurance vieillesse et celles relevant de la solidarité nationale (minimum vieillesse, prise en charge de cotisation par l'État), opère une réduction sémantique de même nature[1]. »

1. www.vie-publique.fr.

Assurance, assistance : quel modèle voulons-nous ?

Le système assuranciel est efficace tant qu'il est équilibré et tant qu'il est abondé. À l'inverse, le glissement de l'assurance vers l'assistance préfigure un autre monde, y compris et surtout dans le domaine des retraites. Quelles pourraient en être les frontières ?

a) Un système de base distribué par la société, sans condition de contribution, un système abondé par l'impôt et présentant un caractère universel.

b) En marge du système de base, une démarche assurancielle individuelle qui ressemble fort aux retraites par capitalisation. Ce second pilier perdrait le caractère de protection collective et pourrait être géré par des entreprises privées, comme les assurances ou les banques. Le site du gouvernement vie-publique.fr écrit à juste titre qu'une telle évolution peut ensuite accentuer les inégalités existantes : « Les plus pauvres auraient droit à un niveau minimal de prestations, garanti par la solidarité nationale, et les autres s'assureraient eux-mêmes en fonction de leurs revenus et de leurs risques, pour le niveau de protection qu'ils choisiraient. » La retraite dans ce cas perdrait sa dimension de lien social entre les générations et les catégories de personnes. Toutes proportions gardées, les régimes spéciaux sortent déjà de la seule logique assurancielle et viennent mordre sur le principe d'assistance, dans la mesure où ils appellent chaque année la contribution de la communauté nationale pour équilibrer leurs comptes. Les Français n'ont pas été les derniers à y penser, comme le montrera le chapitre qui suit sur l'histoire des régimes spéciaux, qu'on pourrait aussi qualifier de régimes anticipés.

La retraite est un fait social

À quel moment la retraite devient-elle un fait social ? Pendant très longtemps, elle a été synonyme de déclassement : perte de statut social, perte de revenu, perspectives de fin de vie... La retraite était l'antichambre de la mort. Le monde était, il est vrai, plus solidaire et les liens familiaux plus forts. On ne laissait pas mourir les siens dans des établissements spécialisés. Le sens du mot « retraite » renvoie à l'isolement. De la retraite des armées en déroute à la retraite spirituelle, on parle dans chaque cas de recul ou de mise à l'écart. C'est loin d'être une perspective enthousiasmante ! La représentation que les Français se font de la retraite est en réalité très variable. Elle dépend de leur niveau de revenus. Selon un sondage réalisé en novembre 2018 pour Agirc-Arrco par OpinionWay et publié dans *Le Figaro,* presque la moitié des personnes interrogées s'attendaient à un revenu de remplacement supérieur (47 %). Il faut ajouter que les Français sont assez peu rigoureux avec leur retraite. Six sur dix ont commencé à se renseigner après 55 ans et seulement 13 % avant 50 ans. Or, 82 % d'entre eux estiment qu'une meilleure information leur aurait été utile. Injonction paradoxale, le Français n'est décidément pas très cartésien !

La retraite devient un fait social, un artefact sociologique lors du passage d'une société de subsistance vers une société de consommation (années 1960 et suivantes). Les seniors sont considérés comme des consommateurs. Ils participent activement à la croissance. Le recul du marché intérieur en France au premier trimestre 2018 s'explique en grande partie par le recul de consommation des retraités, victimes de l'augmentation de la CSG sur leurs pensions. On constate une assez forte élasticité de la consommation des retraités en fonction de leurs revenus. Ils consomment directement, aident leurs enfants et, dans certains cas accompagnent leurs petits-enfants. Les revenus de remplacement se retrouvent partout dans les paniers de consommation. La retraite est progressivement devenue un espace de reconquête. Reconquête du temps personnel et de la sphère privée. Les voyagistes vous diront tous que la consommation de services touristiques et de voyages des seniors leur a permis de lisser leur activité tout au long de l'année.

La retraite peut être célébrée comme le temps du bonheur, le retour vers la famille. C'est un droit et l'un des piliers du compromis social français. Et c'est un droit pour une autre raison, qui apparaît évidente quand on veut bien se comparer à nos voisins proches. En France, le volume de revenus distribué pour les retraites, plus de 325 milliards d'euros par an, nous place parmi les premiers de cordée. Les revenus de remplacement forment un stock de liquidité décisif sur le marché intérieur. Les retraités sont de bons consommateurs parce que beaucoup d'entre eux ont un niveau de revenu élevé. Ils possèdent en Europe les pensions les plus robustes et, en général, un stock d'épargne soit sous forme financière soit sous forme immobilière.

Le monde de la retraite n'est pas homogène. Les revenus distribués sont fonction des cotisations payées et des régimes auxquels les seniors sont rattachés.

> « En 2015, les fonctionnaires civils d'État touchaient par exemple une pension brute moyenne de 2 280 €, selon la Drees. Cette pension moyenne descend à 2 120 € pour les affiliés aux régimes spéciaux (SNCF, marins, employés de la Banque de France), 1 920 € pour les professions libérales, 1 220 € pour les salariés du régime général. Et jusqu'à 710 € pour les artisans, 600 € pour les agriculteurs et 500 € pour les commerçants ! »
>
> (P. Wolf-Mandroux, « Les vrais revenus des retraités », *Le Pèlerin*, n° 7037, octobre 2017)

Un point est à ce jour indiscutable. Nous avons eu des retraités très aisés en moyenne grâce aux années glorieuses de l'après-guerre. Nul ne peut espérer un modèle aussi généreux pour les générations à venir. Le premier point de blocage est lié aux équilibres démographiques. Il y aura de moins en moins de cotisants pour des niveaux de revenus stables voire décroissants.

a) Les départs en préretraite compliqueront l'équation. Dans les fonctions publiques, le nombre de demandes de liquidation des droits a augmenté de presque 10 % en 2017. C'est un retour aux chiffres de la séquence 2007-2011, avant que n'entre en vigueur la réforme de 2010 (sur laquelle nous reviendrons). Le dossier des retraites est étroitement corrélé au taux d'activité. Une fois encore, c'est une affaire d'équilibre entre ceux qui payent et ceux qui bénéficient du service. Comment, avec le même nombre d'agents (Emmanuel Macron a renoncé à diminuer les postes de fonctionnaires mais il ne les augmentera pas), pourrons-nous financer un régime de retraite généreux qui bénéficie déjà de la solidarité des salariés du privé ?

b) Dans le même esprit, on peut croiser les problématiques du financement de la retraite et les enjeux du développement durable. Certains écologistes, tel l'ancien ministre de l'Environnement Yves Cochet, plaident pour des politiques de dénatalité. Il dit : « Plus de capotes = moins de CO_2 » ! On ne saurait être plus clair. Au cours d'un colloque organisé par la revue de la décroissance *Entropia*, il suggère de rendre dégressive les allocations familiales à partir du second enfant. Autrement dit, le troisième est en trop. Comment, dans ces conditions, financer les retraites des plus anciens ? Comment alimenter la solidarité intergénérationnelle qui est la base de notre modèle ? Une partie des écologistes et des décroissants pensent faire appel à des vagues d'immigration. On fera venir les ventres creux africains pour financer les pensions des cheveux gris européens.

Aller vers le concept de bien commun (« commons »)

La retraite est donc une affaire double de flux et de stock. Le flux des cotisants alimente un stock de capital qui finance les pensionnés. Le repli du flux et l'augmentation naturelle des besoins d'alimentation du stock vont compliquer l'équation. La réforme n'est pas seulement utile, elle devient indispensable. Comment la conduire ? En s'inspirant de la pensée de saint Thomas sur le bien commun, ce que les Anglais ont appelé les *commons*[1]. L'objectif est de concilier le respect des libertés et l'unité de la société. Les « communs » ne sont pas à proprement

1. Elinor Ostrom, *La Gouvernance des biens communs*, De Boeck, 2010.

parler des biens individuels, pas davantage des biens collectifs, mais les deux en même temps. Cicéron utilise l'image d'un théâtre. Il dit : le théâtre est commun à tous mais chacun y occupe sa place[1].

Allons plus loin, et filons la métaphore de Garrett Hardin, auteur de la « Tragédie des communs », parue dans la revue *Science* en décembre 1968. Imaginez un champ (le commun) sur lequel les bergers font paître leurs moutons. Ce champ n'appartient à personne et, pourtant, il est à tous, puisque tous y ont accès. Il en résulte une surexploitation de la ressource, chacun pensant au fond de lui-même qu'il peut s'enrichir aux dépens de tous les autres. La forte hausse du coût d'usage conduit à la ruine de tous. L'image est bucolique, mais elle colle assez fidèlement à la réalité du monde des retraites. L'herbe est rase et elle ne pousse pas assez vite pour faire paître tous les moutons qui aimeraient y avoir accès. Quand un bien commun est menacé ou mal géré, les économistes suggèrent en général d'en confier la gestion, soit à l'État (mais est-il vraiment gestionnaire au sens littéral du terme ?), soit au privé. Soit on nationalise, soit on privatise.

L'économie n'aime pas l'entre-deux. La retraite par capitalisation, soit la retraite individuelle et privée, fonctionne dans beaucoup de pays du monde avec un grand succès ; la retraite gérée par l'État, sans entrer dans un débat polémique, produit systématiquement de la dette. Les biens communs associent une certaine conception

1. Édouard Jourdain, « La notion de commun(s), lecture croisée de Proudhon et d'Elinor Ostrom », *Transversalité*, revue de l'Institut catholique de Paris, supplément n° 4, 2016.

de la propriété et de la justice sociale. Dans le domaine des retraites, comment concilier le principe de liberté et celui d'équité ? Sans doute en ouvrant le droit à des systèmes de retraite privée pour tous ceux qui le souhaiteraient. L'arrière-pensée de la réforme Macron va incontestablement dans ce sens. Jusqu'à une période récente, la France a privilégié la dimension collective. Pour dire les choses simplement, la société a pris le pas sur l'individu, ou plutôt, s'agissant des retraites, compte tenu de la construction de régimes particuliers, la société se déclarait solidaire de certains groupes d'individus. Une réforme libérale des retraites n'abolirait pas la dimension solidaire de notre modèle ; elle aurait vocation à en corriger les anomalies, car enfin, la théorie des communs ne s'applique dans notre cas qu'aux régimes spéciaux. Les retraités de ces régimes vont « brouter » dans le champ d'à côté (ils sont financés en partie par la solidarité nationale) sans détenir le moindre titre de priorité ou le moindre droit d'usage. Ils ont obtenu l'usufruit d'un bien commun qui n'est pas spécifiquement le leur.

La question des *commons* renvoie *in fine* au débat sur la propriété. Qu'est ce qui peut bien la justifier ? Les auteurs avancent tous des hypothèses différentes. Elle n'est pas un droit fondamental pour Proudhon (la propriété ne peut rien nous offrir de plus que la possession), elle est la base des libertés pour les philosophes libéraux. Pour ma part, j'aurais tendance à justifier la propriété ou, dans le cas d'espèce le droit à la propriété d'un service comme la retraite par des impératifs de bonne gestion et de préservation du service. Ce qui appartient à tout le monde n'appartient en réalité à personne. En France, les modèles de mutualisation sont presque tous en situation de faillite ou de banqueroute. La Sécurité sociale est endettée, l'assurance chômage tout autant, et les exemples ne manquent pas. Seule la propriété privée donne lieu à des actes de gestion avisés. Quand on est propriétaire d'un bien ou d'un service, on s'efforce de le préserver sans l'épuiser. Pour des raisons qui tiennent essentiellement aux postures idéologiques, nous refusons d'admettre en France que des régimes privés par capitalisation peuvent être plus efficaces que la répartition solidaire et intergénérationnelle.

4

LA LONGUE SAGA DES RÉGIMES SPÉCIAUX

La communauté des historiens peine à déterminer l'acte de naissance véritable des régimes de retraite. Une seule vérité semble s'imposer : les premiers régimes ou assimilés furent spéciaux puisqu'ils ne concernaient pas toute la population. Les historiens préfèrent d'ailleurs parler de régimes pionniers[1] ! En janvier 1407, Charles VI entend récompenser « ceux qui bien et longuement l'auraient servi ». Il leur attribue une rente pour bons et loyaux services. C'est une sorte de récompense versée sous la forme d'une retraite, mais on est encore loin du système assuranciel qui fonde le modèle français des retraites. Les rois de France qui vont suivre conserveront cette libéralité accordée à leurs fidèles. Ils puisent dans les caisses du Trésor pour distribuer des pensions de cour ou de mérite. 60 000 personnes environ en auraient bénéficié au XVIIe siècle, sans que l'on puisse entrer dans le détail des différents statuts des pensionnés. C'est donc assez

1. Michel Pigenet (dir.), *Retraites. Une histoire des régimes spéciaux*, ESF éditeur, 2008.

loin d'être une aide marginale, dans un univers où le concept de prévoyance est totalement étranger au corps social. Cependant, pour reprendre la formule de l'historien Michel Dreyfus, la division du risque s'impose comme la base de la protection sociale.

La retraite, c'est dès le départ un droit au repos bien mérité. Rien d'étonnant dès lors à ce que les catégories les plus exposées en bénéficient. Les régimes anciens, dits spéciaux, sont dès l'origine « octroyés aux salariés assujettis à des contraintes et risques particuliers ».

Le prix du sang et de la loyauté

La deuxième pierre de l'édifice est posée en 1670, sous le règne de Louis XIV, par le grand argentier du royaume, Jean-Baptiste Colbert. L'hôtel des Invalides est ouvert à Paris. Il porte bien son nom puisque sa vocation est d'accueillir les blessés et les invalides de guerre partis ferrailler pour servir le royaume. En 1670, le roi, Louis XIV, occupe personnellement le poste de commandant suprême de l'armée. Il entend bien redresser la situation de la marine nationale, laissée exsangue à la mort de Mazarin en 1661. La France veut engager les meilleurs marins. Elle doit tout faire pour les attirer, qu'il s'agisse de la marine militaire ou de la marine civile. Jean-Baptiste Colbert va imaginer un régime de prévoyance et de retraite pour porter secours aux marins blessés ou invalides (édit de Nancy, 22 septembre 1673). Rapidement, l'institution des Invalides est prise d'assaut. La faute à un roi guerrier, qui s'est attaché la fidélité de mercenaires étrangers qu'il entend cependant protéger et récompenser en cas de blessure. Pour faire face à l'inflation des demandes d'admission, les règles sont alors assouplies. Les moins invalidés peuvent retrouver une activité en échange d'un droit de réadmission[1]. Les dispositions d'aide solidaire sont étendues aux marins de la marine marchande, considérant à juste titre que celle-ci formait une réserve naturelle pour la marine de guerre. Il leur est imposé un service de roulement dans la « Royale ». Les marins civils répertoriés sur un rôle militaire bénéficient d'une indemnité, sous la forme d'une demi-solde quand ils ont été blessés sur un navire du roi. Cette caisse est abondée par un prélèvement de 2 % sur les soldes.

Quelques années plus tard, les avantages de la demi-solde sont accordés à tous les vieux marins pêcheurs (édit de mai 1709). « Pour tous, l'âge tient lieu dorénavant d'infirmité, interprétation propre à transformer la demi-solde en pension de retraite[2]. » Les premiers régimes spéciaux de retraite sont arrivés soit par la guerre, soit par la mer, qui est aussi un terrain de conflits et d'influence. On mesure dès les origines combien les pensions de retraite sont attachées à un service rendu au pays, ou au roi : les titulaires de ces faibles revenus ont fait preuve d'engagement et de loyauté. Ils ont subi des contraintes et donné leur vie au travail.

En 1790, longtemps après le règne de Louis XIV, au début de la Révolution française, une série de lois est votée pour définir précisément les droits à pensions des personnels militaires et civils de l'État. Ce sont les textes du 22 août et du 14 décembre. On y discerne déjà

1. *Ibid.*
2. *Ibid.*

quelques-unes des règles actuelles de calcul des retraites. Les pensionnés reçoivent un quart de leur traitement à compter de 50 ans, pour 30 années de service. En 1806, l'âge de départ est fixé à 60 ans. L'Empire, comme la Révolution, n'est pas une période de rigueur budgétaire. Les listes de pensionnés ne sont pas toujours tenues à jour et l'argent manque. Les périodes de guerre, entre la Révolution et l'Empire, vont assécher les finances du pays. L'édifice encore fragile des pensions sera complété pour les marins en 1795. À l'âge de 50 ans, on peut ainsi devenir « demi-soldier ».

Le juriste Thierry Tauran a consacré un long travail universitaire aux régimes spéciaux. La première partie recoupe la période 1604-1853. Cette longue séquence porte sur la mise en œuvre des premières mesures de protection contre la vieillesse et la maladie au bénéfice de sous-populations professionnelles : les navigateurs, les soldats, les mineurs par exemple. Le concept de prévoyance est associé à l'idée du risque. Il faut retenir de cette séquence historique que l'idée d'une « dette sociale de solidarité » vis-à-vis des plus anciens s'impose progressivement. Au départ, elle ne concerne que les plus exposés. Mais l'idée est née que la communauté doit quelque chose aux vieillards. On est encore dans l'esprit du secours, pas dans celui de l'assurance. Le régime des invalides de la marine par exemple, c'est son nom officiel, n'est pas un régime de retraite au sens moderne du terme. Il ne fournit pas un « revenu de remplacement ». Il a toutes les apparences d'un régime d'invalidité indemnitaire (un bras coupé vaut telle soulte, une jambe perdue, telle autre) et surtout d'un régime aléatoire. Rappelons qu'il est octroyé arbitrairement par le roi. C'est à proprement parler le fait du prince, tout le contraire d'une assurance à laquelle on souscrit…

Pour faire une synthèse rapide, le premier vrai régime de retraite a été mis en place par Louis XVI en 1787, avec la création de la compagnie royale d'assurance sur la vie, qui faisait intervenir le calcul actuariel dans le montant de la pension : on calculait cette rente en fonction des cotisations versées et de la durée de vie supposée de l'individu, sur la base des premiers calculs de probabilités effectués par les mathématiciens des Lumières.

Dans un pays aussi catholique que la France du XVIIIe siècle, le principe d'assurance est presque sacrilège. C'est la Providence qui décide et rien, ni aucune assurance ne peut contrarier ses projets. Ce sont donc des banquiers suisses protestants qui vont suggérer à Louis XVI de proposer une rente en échange de cotisations. La Compagnie royale d'assurance-vie créée en 1787 s'appuie sur les travaux mathématiques des encyclopédistes. Pour servir une rente, il faut pouvoir calculer son service sur la base des probabilités d'espérance de vie. L'épargne-retraite est calculée grâce aux travaux statistiques de Nicolas de Condorcet, d'Antoine Deparcieux, auteur d'un *Essai sur les probabilités de durée de vie humaine* publié en 1746, ou de Devillard de Durant, auteur de *Recherches sur les rentes, les emprunts et les remboursements*.

Le colbertisme et la naissance de la fonction publique

Le colbertisme a laissé son nom aux politiques interventionnistes de l'État. Colbert est un mercantiliste. Il défend et représente cette doctrine selon laquelle la puissance d'un État se mesure à son stock d'or et de métaux précieux. On peut le comprendre dans le contexte de son époque. À la question cent fois posée par les économistes : qui doit être riche dans la société, des ménages, des entreprises ou de l'État, les mercantilistes répondent l'État, qui est au fond la seule grande institution constituée. C'est sa puissance qui protège les sujets, dans une France monarchiste souvent guerrière et déjà très jacobine. La doctrine des mercantilistes fait de l'État le premier agent économique du pays. Jean-Baptiste Colbert pense qu'il est le mieux placé pour administrer, voire réguler les grands secteurs de l'économie. Colbert invente les fonctionnaires avant même que ce mot n'ait été prononcé. Pour recruter ces agents de l'État, pour attirer les meilleurs dans sa marine, son armée, ses filatures ou ses ateliers de sidérurgie, il faut leur promettre un traitement de faveur. C'est ainsi que l'État accorde des rentes à ses agents. L'État, grand manitou de l'économie et de la production, distingue la caste de ses collaborateurs des autres travailleurs. On ne saurait vraiment parler de retraite, mais plutôt de rente.

Colbert et ses successeurs, grands argentiers de la monarchie française puis serviteurs administratifs de l'Empire et fonctionnaires des premières républiques, vont consacrer une place particulière aux agents de la puissance publique. En France, l'État précède la nation. Le colbertisme a survécu à son inspirateur. Ainsi, longtemps après la Révolution française, la loi du 9 juin 1853 tend à harmoniser les règles de cotisation et de réversion des fonctionnaires civils de l'État. Une retenue de 5 % sur le traitement leur donne droit à une retraite après 30 années de service. La pension est calculée sur la base des 6 dernières années de salaire. Elle est comprise entre 750 et 6 000 francs par an. On ne saurait comparer l'incomparable, mais pour alimenter la curiosité du lecteur, 1 franc de 1850 valait 2,5 € de 2010. 750 francs représentaient donc 1 875 € et 6 000 francs la somme de 15 000 €. Les pensions sont versées aux 300 000 fonctionnaires de l'État.

Il faudra cependant attendre les lois des 22 août et 14 décembre 1890 pour en faire un droit acquis pour les titulaires, c'est-à-dire un droit « irrévocable, incessible et insaisissable ». La retraite telle que nous la connaissons est fille du XXe siècle.

Reste maintenant à interroger la notion de fonctionnaire. Les historiens rappellent à cet égard que les employés des PTT sont assimilés aux fonctionnaires tandis que les ouvriers des lignes téléphoniques sont exclus du statut. Déjà une affaire de statut ! Dans les secteurs de l'industrie publique, comme les « établissements de guerre et de marine », les auxiliaires et journaliers ne bénéficient pas de l'avantage retraite.

Paternalisme et solidarisme

Le mot « paternalisme » est souvent utilisé de façon péjorative. Il est associé à l'idée de condescendance, voire de charité. C'est une faute d'interprétation. Le paternalisme a d'abord été pensé comme un outil de solidarité. Dans un siècle marqué par les idées révolutionnaires, Frédéric Le Play, sociologue *paternaliste* (1806-1882), défend la famille et les modèles de solidarité familiale. Par extension, il considère que la production de biens ou de services est un acte de coopération entre les forces du capital et celles du travail. Sa conception des rapports sociaux inspire le paternalisme, c'est-à-dire, appliquée au champ social, une philosophie de l'entreprise dans laquelle les rapports entre patrons et employés doivent être copiés sur les règles de la vie familiale.

Au XIXe siècle, l'État est encore à distance de la question des retraites. Il se contente d'offrir quelques avantages à ses agents. C'est pourquoi les premiers systèmes de retraite de cette période très industrielle sont le résultat soit d'initiatives privées, soit d'initiatives mutualistes. Le paternalisme produit des solidarités pour les plus anciens. Ils ont donné leur force de travail contre un salaire, ils méritent une rente pour leurs vieux jours, de la même façon que la famille n'abandonne pas ses vieux. Les syndicats d'aujourd'hui voudraient laisser penser qu'ils sont à l'origine de la protection sociale française, à l'origine des progrès. Rien n'est plus faux. Pierre Laroque, l'un des pères fondateurs de la Sécurité sociale en 1945, estimait que la réalisation d'un système de couverture universel des risques prolongeait l'idéal de la Révolution française. Dans l'esprit sans doute, mais la Révolution fit essentiellement couler le sang plus qu'elle ne changea le quotidien des Français. Qu'il s'agisse de la retraite, de la maladie, de la famille, la période révolutionnaire ne change presque rien. Elle se contente des principes. Les syndicats ne peuvent donc se prévaloir de la création de systèmes privés de retraite. À leur décharge, rappelons qu'ils sont les victimes collatérales de la loi Le Chapelier de 1791. Cette loi dispose en effet que « les citoyens d'un même état ou profession, les entrepreneurs, ceux qui ont boutique ouverte ne pourront, lorsqu'ils se trouveront ensemble, se nommer ni présidents, ni secrétaires, ni syndics, tenir des registres, prendre des arrêtés ou délibération, former des règlements sur leurs prétendus intérêts communs ». La loi Le Chapelier, destinée à prévenir le retour des corporations et des associations professionnelles, éteint le mouvement syndical pour longtemps. Les syndicats ne seront légalisés qu'un siècle plus tard, en 1884, par la loi Waldeck-Rousseau.

Dans ce XIXe siècle foisonnant, le paternalisme incarne une première forme de solidarité. Les liens de la famille sont exportables au monde social. Le devoir des plus robustes est de venir au secours des plus faibles. L'entreprise, comme la famille, veille sur ses anciens. Face à cette pensée, Léon Bourgeois propose l'alternative du solidarisme. De quoi s'agit-il ? Bourgeois a été marqué par les travaux de Pasteur. Il sait que le risque frappe indifféremment. Nul ne peut se croire à l'abri. Dès lors, la solidarité du corps social n'est pas une option mais une contrainte. « L'homme naît débiteur de l'association humaine », proclame Léon Bourgeois[1]. Ainsi, « pour parvenir à ses fins, le solidarisme est essentiellement fondé sur le principe de la dette[2]. Bourgeois est influencé par la pensée d'Émile Durkheim et par celle d'Auguste Comte. Il proclame *ne varietur* que l'homme isolé n'existe pas. « L'homme vivant dans la société, et ne pouvant vivre sans elle, est à toute heure son débiteur. Là est la base de ses devoirs, la charge de sa liberté. […] L'obéissance au devoir social n'est que

1. Jacques Mièvre, « Le solidarisme de Léon Bourgeois », *Cahiers de la Méditerranée*, 63|2001, p. 141-155.
2. Olivier Amiel (docteur en droit public à Aix-Marseille III), *Le solidarisme, une doctrine juridique et politique française, de Léon Bourgeois à la Ve République*, L'Harmattan, 2009.

l'acceptation d'une charge en échange d'un profit. C'est la reconnaissance d'une dette[1]. » Léon Bourgeois n'est ni socialiste, ni libéral ou conservateur. Il est radical, au sens où on l'entendait à la fin du XIXe siècle, attaché aux solidarités mais en même temps hostile à l'appropriation collective des moyens de production et d'échanges comme le suggéraient les socialistes de l'époque[2]. La protection sociale française est le produit de ces influences multiples, des patrons autant que d'élus comme Léon Bourgeois, préfet puis député, ministre et même président du Conseil.

La transition vers l'industrie lourde

Michel Pigenet, professeur d'histoire contemporaine à la Sorbonne, date le point de départ du processus de fondation des retraites du secteur privé « à compter de la seconde industrialisation française, à partir de 1880[3] ». La

1. Léon Bourgeois, *Solidarité*, Armand Colin, 1896 ; 7e édition, 1912.
2. « Nous marchons pour ainsi dire dans une voie opposée à celle du socialisme collectiviste, puisque nous disons : la collectivisation n'est pas le but du système de la solidarité ; ce qui est collectif pour nous, c'est le point de départ, c'est la société solidaire et nécessaire ; le but est individuel, c'est la liberté reconquise par l'acquittement de la dette sociale. De telle manière que la doctrine de la solidarité est le rachat de la liberté et de la propriété individuelle, elle est la justification même de la propriété libérée » (Léon Bourgeois, extrait d'une conférence donnée en novembre 1901).
3. Entretien avec l'auteur au Centre d'histoire sociale du XXe siècle, 12 décembre 2018.

France du XIXe siècle était un pays de petites propriétés et de petites industries rurales. « L'industrie et l'ouvrier sont partout en France », dit Michel Pigenet. L'esprit des révolutionnaires a durablement infusé dans l'idéal français, pour qui l'homme-citoyen doit pouvoir gagner son indépendance. On cherche à briser le lien avec l'Ancien Régime des *sujets*. Retenons le vocabulaire : sujet = sujétion, lien de subordination, de dépendance. C'est la petite propriété qui au XIXe siècle donne de l'indépendance financière, dans un pays où le bâti et le foncier vont représenter la richesse des contribuables (impôt sur les portes et fenêtres). L'histoire nous rappelle l'épisode des Creusois partis faire fortune à Paris où ils occupent des activités de maçons. Ils reviendront chez eux à la fin du siècle, entre Aubusson, Felletin et Guéret, où ils investiront leur petit pécule dans du foncier agricole ou du bâti loués aux métayers et aux petits ouvriers de la ruralité.

La massification de la production, à compter des années 1880, va changer la donne dans cette France de la petite industrie. Massification, efficience, gains de productivité associés aux rendements croissants, dans ce nouveau monde industriel, la gestion du personnel devient un facteur de succès. Les caisses de retraite, autrement dit la garantie d'un revenu de remplacement pour les vieux jours, alimentent une promesse de fidélité. Or, dans cette industrie mécanisée où le travail humain est essentiel pour alimenter la machine, il faut s'assurer que les ouvriers seront au travail tous les jours. On ne peut prendre le risque de les voir partir pour un autre emploi mieux payé. Pour des journaliers, rien de plus facile. Ils peuvent aller là où la solde du jour sera la plus abondante. La solution pour les fidéliser ? Un contrat de travail à durée indéterminée, et quelques avantages, dont la perspective d'un revenu de remplacement.

Cependant, observe Michel Pigenet, « les ouvriers ne croient pas encore vraiment à la cotisation dans une caisse mutuelle. Les modèles collectifs ne sont pas jugés crédibles ». Mais le retour de l'Alsace-Lorraine dans la République en 1918 va contribuer à changer la représentation des salariés. « Les populations de ces territoires reviennent avec le modèle bismarckien de retraite. On s'aperçoit que ça marche. La retraite allemande par cotisation est efficace. » Installée depuis un certain temps, elle a fait ses preuves. Après le mutualisme du XIXe siècle et les multiples tentatives pour construire un système de protection sociale en France, on découvre que nos voisins allemands sont allés plus loin que nous. Le principe de l'assurance sociale progresse. On sort de l'assistance et de la charité pour entrer dans le siècle des droits.

« C'est en 1905 qu'apparaît pour la première fois le terme d'ayant-droit dans une loi sur une forme de minimum vieillesse, rappelle Michel Pigenet. L'ayant-droit est celui qui peut profiter d'un droit. » On ne lui fait plus l'aumône, il ne dépend pas davantage d'une mutualité quelconque. Il a acquis des droits pour lui-même. Il est autonome. Le XXe siècle sera celui de l'affirmation des droits des travailleurs, à commencer par le droit à disposer d'un revenu de remplacement une fois la vie professionnelle achevée. La retraite prend forme.

1845 : la Compagnie d'Orléans crée un régime de retraite

Nul ne peut revendiquer la paternité de nos systèmes de couverture sociale. Dans le secteur des chemins de fer, ils vont se développer sur la base d'une initiative privée des dirigeants de la Compagnie d'Orléans. Au cours du XIXᵉ siècle, la protection sociale est conçue et mise en œuvre par l'Église, par le patronat, par la Mutualité et, à la marge, par l'État, même si, comme le disent les historiens, « sa démarche fut lente et incertaine ». La faute sans doute à l'esprit libéral qui prévaut dans ce XIXᵉ siècle de croissance et de progrès. Entre la fin de l'Empire et le début du XXᵉ siècle, la France est l'un des pays les plus riches du monde. C'est aussi un pays où le frottement des idées et le débat intellectuel sont intenses.

Les principaux risques de la vie sont couverts par des guichets différents. La Mutualité couvre le risque de maladie. Elle le fait sans autres ambitions que celles de la solidarité. La Mutualité française n'exprime pas d'opinion. Elle passe entre les mailles de la loi Le Chapelier et s'accommode des régimes politiques de son siècle. La retraite n'est pas la première préoccupation des Français. Elle arrive après les autres solidarités, à commencer par celle du risque maladie[1].

---

1. À cet égard, la législation sur les accidents du travail va changer. La charge de la preuve change de camp. Les ouvriers n'ont plus à démontrer qu'ils ne sont pas personnellement responsables de l'accident dont ils ont été victimes. La loi va imposer aux entrepreneurs de couvrir ce risque. Certains le couvriront eux-mêmes, d'autres feront appel à des assureurs.

La retraite n'est donc pas la première préoccupation. D'abord parce que l'espérance de vie au-delà du temps professionnel est limitée. La médecine n'a pas encore fait les progrès qu'elle accomplira au XXe siècle, on vit peu au-delà de 60 ans. Il n'empêche. Des entreprises d'intérêt général vont concevoir et proposer des régimes anticipés qu'on appelle aujourd'hui encore les régimes spéciaux. Ils sont les enfants naturels du secteur privé et non de l'État ! Qu'on en juge : prenons le cas des premiers transports ferroviaires de passagers. La première ligne française de chemin de fer relie en 1827 Saint-Étienne à Andrézieux sur une distance de 21 kilomètres. À son lancement, les voyageurs ne sont pas admis. En 1830, elle est allongée jusqu'à Lyon. Les voyageurs circulent entre Givors et Rive-de-Gier. Au commencement, les motrices ne sont pas assez puissantes pour franchir les pentes ardues du Forez. On peut faire descendre les voyageurs, qui franchissent l'obstacle à pieds ! Le 24 août 1837, une voie relie Paris à Saint-Germain-en-Laye sur 17 kilomètres. C'est la première ligne entièrement dédiée aux passagers. On passe le tunnel des Batignolles et, en 28 minutes, la courte distance est parcourue. Le train va faire très rapidement de gros progrès techniques. Des sociétés d'exploitation apparaissent. Elles bénéficient de concessions exclusives de « service public ». Le rail impose de lourds investissements et sa rentabilité est précaire. Dans l'histoire cheminote, la pénibilité du travail va jouer un rôle fondamental. La tâche des agents d'exploitation, notamment des conducteurs de motrice, est contraignante. C'est un travail physique qui implique un investissement personnel lourd.

Il faut protéger ceux qui prennent le risque. Rétroactivement, on s'amuse à lire le point de vue des médecins qui évoquaient à l'époque les risques pour la santé humaine : ne va-t-on pas suffoquer, avec les fumées de la chaudière, le cœur ne lâchera-t-il pas dans les tunnels... Le train est une aventure et les cheminots des aventuriers. Les premières grandes compagnies de train vont imaginer des systèmes de solidarité pour les professionnels engagés dans le secteur. « Exposé sciemment à l'accident meurtrier, le cheminot est assuré que son foyer ne sera pas abandonné par la compagnie[1]. » Une loi du 11 juin 1842 définit clairement le régime des concessions et d'exploitation des compagnies. On peut déjà parler de monopole naturel[2]. En 1845, la compagnie d'Orléans met en place un premier régime de retraite, sans prélèvement sur le salaire des employés.

La révolution de 1848

La troisième révolution française de 1848 (après celles de 1789 et 1830) met un terme à la monarchie de Juillet. Louis-Philippe est contraint d'abdiquer. La IIe République est proclamée par Lamartine. Cette révolution est le résultat de manifestations populaires massives (pour l'époque). Elle est le produit du mécontentement social. Les Parisiens des classes populaires se soulèvent contre les privilèges et la misère. Un rapport parlementaire signé par Lamartine, Ledru-Rollin, Arago et Garnier-Pagès propose la nationalisation des chemins de fer, secteur déjà emblématique. Ce rapport ne sera pas suivi d'effet, mais l'attention se concentre sur les droits des travailleurs. Le contexte prérévolutionnaire qui sera décrit par Karl Marx explique sans doute les initiatives patronales pour renforcer les systèmes de prévoyance.

1. Michel Margairaz, Christian Chevandier, Georges Ribeill, « Les régimes particuliers des services publics », in *Retraites, une histoire des régimes spéciaux,* ESF éditeur, 2008.
2. On parle de monopole naturel quand les économies d'échelle dans un secteur sont fortes.

Vers l'unification des régimes

Le modèle des retraites des premiers cheminots va évoluer à petits pas de la moitié du XIXe siècle jusqu'à l'unification des régimes en 1909. Un système propre aux compagnies ferroviaires se bâtit progressivement. La compagnie Paris-Rouen y contribue au même titre que les cinq autres « grandes compagnies ». Elles vont s'adosser à la CRV (Caisse de retraite vieillesse), née en 1850. On est encore loin du modèle économique que nous connaissons. Il s'agit d'un système volontaire. Les entreprises et leurs salariés peuvent déposer des versements sur un livret, qui sera ensuite libéré individuellement sous la forme d'une rente viagère. Mais rien n'est obligatoire. L'universalité est pourtant l'une des conditions du succès de telles opérations. Pour être efficace, un système de prévoyance doit être universel et obligatoire. Il doit également créer des droits définitifs. Les agents placés dans l'incapacité d'aller au bout de leur vie professionnelle peuvent être privés des droits qu'ils ont acquis par leurs cotisations.

De surcroît, les régimes changent en fonction des entreprises. Une enquête de l'office du travail en 1898 révèle que les écarts de prélèvement s'échelonnent du simple au double (de 3 à 6 % sur le salaire des employés) et que le taux de contribution des employeurs va de 3 à 15 %. Le modèle de liquidation est en revanche assez proche. Il faut 25 ans de contribution pour obtenir une retraite à l'âge de 50 ans. Le taux de réversion est de 37,5 % du salaire quand les conditions d'obtention ont été satisfaites. Seule la Compagnie du Nord admet un départ à taux plein après 20 années d'activités pour les roulants. Les salaires sont faibles. Ils sont compensés par des primes (y compris de charbon), mais celles-ci n'entrent pas dans l'assiette de calcul des droits vieillesse. Les syndicats, libérés par la loi Waldeck-Rousseau du 21 mars 1884, vont s'emparer du dossier des retraites. Le syndicat national des chemins de fer, relayé par la jeune CGT (Confédération générale du travail) née en 1895, revendique un régime harmonisé pour les salariés du secteur : mêmes cotisations, mêmes règles, mêmes droits. Il faudra attendre l'étude du projet et de nombreux allers et retours entre la Chambre et le Sénat pour aboutir, le 13 juillet 1909, au vote d'un texte définitif. Ses dispositions sont promulguées quelques jours plus tard. Les régimes de retraite des cheminots sont unifiés et l'affiliation y est obligatoire. Tous les problèmes ne sont cependant pas réglés. La loi marque le point de départ d'un nouveau modèle, mais que faire du passé ? Pour être pleinement satisfaisante, la loi doit être rétroactive, elle doit reprendre les droits acquis par le passé, quitte à les harmoniser.

Le premier grand mouvement social des chemins de fer débute en 1910. Les mécaniciens de la Compagnie du Nord sont en pointe. Ils n'ont obtenu aucune rétroactivité. Les cheminots réclament un salaire quotidien décent. C'est l'épisode de la « thune », à savoir une pièce de 5 francs, un minimum par journée de travail, comme le demandent les cheminots. Ils vont obtenir satisfaction à l'issue d'un mouvement dur. En décembre 1911, le principe de rétroactivité est voté. Les compagnies qui résistaient à cette revendication sont désormais placées face aux contraintes de la loi. *Dura lex, sed lex !*

Le régime de 1911 régira jusqu'à nos jours les retraites des cheminots. D'abord proposées de façon empirique par les employeurs, les retraites ont été généralisées par la loi. La France a toujours préféré la loi au contrat, qui est davantage d'esprit anglo-saxon. On ne saurait cependant nier le rôle des employeurs dans la construction d'une protection sociale du grand âge. Non seulement les caisses de retraite « maison » freinaient les ardeurs revendicatives des salariés mais, par-dessus tout, il convenait de fidéliser une main-d'œuvre précieuse et finalement assez rare. L'esprit paternaliste était allé assez loin, puisque les employeurs des chemins de fer avaient imaginé des pensions de réversion pour les veuves des cheminots – à condition qu'ils aient été unis par les liens du mariage. Le patronat portait ici une inspiration quasi religieuse. Et les pensions de réversion étaient supprimées en cas de remariage.

La CGT et la « retraite des morts »

Les cheminots ont tracé leur voie. L'aboutissement assez rapide d'un modèle de retraite *ad hoc* dans les chemins de fer doit non seulement aux employeurs mais aussi et surtout à l'esprit de corps des travailleurs du secteur. Nul ne pourra ici contester que le combat pour la « thune » et pour un système de prévoyance a été arraché de haute lutte par les employés d'une industrie déjà stratégique. La contribution du train a été décisive pour le transport des personnes et des marchandises dans le pays et, partant, pour la croissance de l'économie française. Il faut dire qu'au XIXe siècle, l'État affronte bien d'autres préoccupations que les retraites. Il va cependant s'y intéresser, à travers la loi sur les retraites ouvrières et paysannes (ROP) votée au début du XXe siècle.

Résumons-nous. En l'absence d'une Sécurité sociale sous la forme du guichet unique telle que nous la connaissons aujourd'hui, les rôles sont répartis comme suit : la Mutualité gère le risque maladie, les assureurs, le risque lié aux accidents du travail, le patronat abonde les caisses d'allocation familiales et l'État prend enfin en charge le dossier des retraites. Il le fait de façon encore imparfaite mais c'est un tournant. L'État va garantir les versements des employeurs et des salariés dans l'industrie ou dans les secteurs agricoles (encore très dominants dans une économie de subsistance) et il versera un complément financier. Léon Bourgeois, à l'origine de cette initiative, a-t-il pris exemple sur le modèle allemand ? Après la victoire de 1871, l'Allemagne s'est emparée des grandes régions industrielles de l'Est français. Sa croissance est remarquable.

Bismarck a soutenu et consolidé le système paritaire allemand, géré par les employeurs et les employés eux-mêmes. Les ROP tendent vers ce système allemand. Pourtant, la CGT s'y oppose. Elle estime que « la très courte espérance de vie des ouvriers » (en 1908-1913, elle se situe à 48,5 ans pour les hommes et 52,4 ans pour les femmes) ne justifie pas une retraite prélevée sur les salaires déjà maigres du début du siècle. Le syndicat affirme que seulement 5 % des cotisants atteindront l'âge de la retraite, fixé à 65 ans. La CGT dénonce une retraite « pour les morts » et une tactique de l'État et du patronat pour financer indirectement l'effort de guerre ! Porteurs de la déjà longue tradition étatiste, deux députés font voter à l'Assemblée et au Sénat un texte imposant l'assurance retraite obligatoire pour les personnes les plus modestes. La caisse de l'État est privilégiée. On estime en effet que les mutualistes n'auront pas les compétences de gestion requises pour un système aussi ambitieux. De surcroît, le système mutualiste souffre d'un déficit d'image. Depuis le Second Empire (1852-1870), les mutualistes sont régulièrement accusés d'espionner le mouvement ouvrier, ou à défaut de le surveiller pour le compte du pouvoir.

Pour l'historien Michel Pigenet, cette image est très imparfaite. La loi de 1852 votée du temps de Napoléon III visait en effet à placer la Mutualité sous tutelle des notables, sous couvert de bonne gestion. « On a pu parler d'une Mutualité impériale[1]. » Le modèle d'organisation en dit long sur les arrière-pensées du pouvoir. Il préfère une organisation par territoire à un modèle par corporation, toujours plus inflammable sur le plan social. « Tout ceci est vrai. C'est incontestable d'un point de vue historique et politique, mais il n'empêche que la Mutualité est partie prenante du mouvement ouvrier. Avant les syndicats, elle incarne un outil de solidarité et de résistance contre les revers de fortune, qu'ils soient liés au chômage ou aux mouvements de grève. Qu'on le veuille ou non, la Mutualité est née d'un besoin de protection[2]. » Elle précède les assurances sociales dans l'histoire de la protection sociale des personnes.

Un monde social en formation

Le début du XXe siècle est foisonnant en matière de conquêtes sociales. Dans la grande tradition française, l'État va chercher à organiser les assurances sociales. Le

1. Michel Pigenet, *Retraites, une Histoire des Régimes spéciaux*, ESF Éditeur, 2008.
2. *Ibid.*

modèle voté en 1910 par la chambre des députés, instituant une retraite obligatoire pour les plus modestes, hésite encore. Il recommande une Caisse nationale des retraites pour la vieillesse, mais sans interdire les caisses gérées par les patrons et le mouvement mutualiste. Les premiers chiffres estiment que 12 millions de salariés sont concernés et 6 autres millions à titre facultatif, mais en 1912, l'inventaire traduit une grande déception. Car si 7,7 millions de personnes ont rejoint le système assuranciel, 4,8 millions n'ont versé aucune cotisation. La même année, un arrêt de la Cour de cassation exonère les employeurs quand le salarié n'a pas exécuté ses obligations. On comprend vite que sans contrainte, ce système de cotisation n'offre aucune garantie et menace le modèle universel qui est imaginé. L'assurance sociale, qu'elle concerne la maladie, le chômage ou la retraite, n'a de sens que si tous y adhèrent.

La Grande Guerre, de 1914 à 1918, va catalyser le besoin de protection sociale. À sa sortie, le pays est exsangue. 1,3 million de tués, des centaines de milliers de soldats mutilés ou handicapés et, corrélativement, des légions de veuves et d'orphelins. En 1920, la France n'a pas encore conduit les réformes sociales qui se sont imposées dans d'autres pays européens comme l'Allemagne (modèle bismarckien). En 1918, le retour de l'Alsace-Lorraine dans le périmètre de la mère patrie appelle une évolution de nos régimes de retraite. Le petit monde politique d'après-guerre parvient à un consensus sur la base des expérimentations du passé. Il faut absolument élargir la protection sociale, qui rassure les Français, en particulier ceux qui travaillent. La société elle aussi s'est transformée. La France passe au salariat. Elle est industrielle et agricole. Le salariat s'impose progressivement. Les niveaux de salaire sont souvent modestes. Les assurances sociales vont devenir obligatoires.

Cette dimension de la contribution contrainte est centrale dans le succès d'un modèle de gestion du risque. L'historien du CNRS Michel Dreyfus écrit : « Financées par une contribution provenant pour moitié de l'employeur et pour moitié du salarié, les assurances sociales ont une gestion complexe : le financement des risques maladie, maternité et décès se fait dans le cadre d'un système par répartition, alors que le risque vieillesse est réalisé par capitalisation[1]. » On est tout de même plus avancé. Les lois de 1930 sur les assurances sociales mettent en œuvre un régime unique pour le privé, mais, comme le précise François Charpentier, « l'institution d'un plafond de ressources en limitera l'étendue et n'en fera jamais un service universel[2] ».

Les bases d'un système de contribution universelle sont posées. Il reste cependant que la multiplication des guichets, alimentée par les luttes intersyndicales, empêche la réalisation d'un grand mouvement unitaire. La CGT, qui a combattu la « retraite pour les morts », y est désormais plus favorable.

Là encore, relisons Michel Dreyfus : « La Première Guerre mondiale bouleverse la donne pour les syndicalistes comme pour les mutualistes : les uns et les autres

1. Michel Dreyfus, « Autour des "régimes spéciaux" : retour sur l'évolution de la protection sociale en France », in Michel Pigenet (dir.), *Retraites. Une histoire des régimes spéciaux*, ESF Éditeur, 2008, p. 29.
2. François Charpentier, *Les Retraites complémentaires Agirc-Arrco*, *op. cit.*

font l'expérience de la puissance de l'État et apprennent à composer avec lui[1]. » Les débats internes à la CGT portent sur le financement. Pour les plus durs, issus de la ligne Jules Guesde, les salariés ne devraient rien avoir à payer ; le financement du système devrait être assuré par les employeurs et éventuellement l'État. Pour les héritiers politiques de Jaurès, le financement d'un tel système devrait être mixte : salarié, patronat, État. Quoi qu'il en soit, la CGT est plus préoccupée par les conditions de travail que par la question des retraites. L'espérance de vie des ouvriers est en général inférieure à l'âge de départ en retraite !

De son côté, le parti communiste réalise son aggiornamento et bascule. Enfin, il fait confiance à l'État et considère que son rôle peut être positif, lui qui l'a combattu sur tous les fronts (sans doute pour n'avoir pas participé à sa gestion) !

L'entre-deux-guerres a fait progresser la réflexion et accessoirement la législation. On sent progressivement les contours d'une Sécurité sociale, mais ni les gouvernements de cette période, ni le Front populaire n'en feront une affaire centrale. Une population particulière se sent profondément lésée, c'est celle des « collaborateurs », autrement dit les cadres. Dans le sillage des conventions collectives obtenues par le Front populaire, ils ont fait pression sur les employeurs pour bénéficier de régimes privés d'assurances dont l'architecture servira de modèle pour constituer la future retraite des cadres. Finalement, à l'aube de 1939, le paysage social reste fragmenté : des régimes spéciaux pour les serviteurs de l'État, quelques caisses de retraite pour les salariés du privé, souvent mal protégés.

---

1. Michel Dreyfus, *op. cit.*, p. 24.

5

LA NAISSANCE DE LA SÉCURITÉ SOCIALE

Il faut avoir lu ou relu le premier tome des *Mémoires de guerre* du général de Gaulle pour comprendre dans quel état se trouvait le pays à la Libération : pas ou peu d'autorités constituées, un grand désordre social, des Français en manque de tout, un pays vidé de ses forces vives dans lequel s'exprime un grand besoin d'État. L'appareil de production a été livré à l'ennemi, les Français ont eu froid et faim, les constructions sociales de l'entre-deux-guerres se sont effondrées. En 1941, quelques dispositions en matière de retraite ont été complétées par le maréchal Pétain ; en 1945, il faut vite rebâtir l'État social que les Français attendent[1], prêts à se remonter les manches

1. Le 13 mars 1941, Philippe Pétain annonce la création de l'Allocation des vieux travailleurs salariés pour les plus de 65 ans qui ne disposent pas de ressources suffisantes et peuvent en même temps justifier de quelques années de cotisation salariée. Comme le précise François Charpentier dans son ouvrage sur les retraites complémentaires Agirc-Arcco (*op. cit.*), les gaullistes ironisent sur cette conquête sociale acquise à peu de frais et non financée.

mais avides de sécurité. Ça n'est pas le fruit du hasard si le système imaginé pour couvrir les risques de la vie va s'appeler Sécurité sociale et non Assurance sociale.

Le big-bang social de la Libération

En France, l'histoire sociale récente hérite du passé. L'État-nation signifie depuis ses origines que l'État protège la nation. En France, comme nous l'avons déjà vu, l'État précède même la nation. Il offre la sécurité. François Charpentier résume dans une trilogie les grandes étapes de la protection sociale en France : charité, mutualité, solidarité sociale. La France a suivi ce chemin de crête. La charité des ordres religieux a peu à peu laissé place au mutualisme au XIXe siècle, jusqu'à ce que l'État se charge de (presque) tout. Dès le départ, la gestion de la Sécurité sociale est fondée sur les principes de gestion paritaire mais l'État veille. Les partenaires sociaux sont appelés à jouer un rôle central. C'est l'esprit du paritarisme.

Nous sommes à la Libération. La CGT est triomphante, dans la roue du parti communiste. En revanche, le patronat est souillé par de nombreux épisodes de collaboration avec l'occupant et le régime honni de Vichy. On cherche un patron honorable. Quelqu'un qui ne se serait pas compromis avec l'ennemi. Et ce sera le chef d'entreprise Georges Villiers, maire de Lyon de 1941 à 1942, révoqué de son mandat pour avoir aidé la Résistance. Georges Villiers est ingénieur et entrepreneur. Il sera le premier président du CNPF (Conseil national du patronat français), de 1946 à 1966. La position des patrons est moins robuste que celle des syndicats et notamment de la puissante CGT.

Il faudra attendre 1967 pour que le paritarisme, au sens de parité, soit respecté, et que le patronat siège à égalité de représentation avec les syndicats de salariés. La France se réorganise et sa nouvelle Sécurité sociale, aboutissement d'une longue marche vers l'assurance sociale, produit ses premiers effets. Une caisse unique est créée. Les trois branches (maladie, retraite, famille) seront séparées en 1967.

Aux origines, quel est l'esprit de la Sécurité sociale ? Écoutons son inspirateur, Pierre Laroque, interrogé en 1992 dans la *Revue d'économie financière* : « La liberté, ce n'est pas autre chose que la sécurité du citoyen et la conscience qu'il en a. J'ai essayé de mettre en pratique cette définition de Montesquieu lorsque j'ai participé à l'application, mais non à l'élaboration, des lois des assurances sociales à partir de 1931 et à la réalisation de la Sécurité sociale en 1945[1]. » Pour Laroque, les assurances sociales procèdent d'une double contrainte. Financière d'abord, il faut pousser les personnes à une épargne obligatoire qui couvrira leurs vieux jours ; mais de façon plus générale, dit-il, le besoin de sécurité est hautement humain. Or, « l'évolution économique fait que la forme actuelle des besoins de sécurité s'exprime dans ce que nous appelons la Sécurité sociale. C'est-à-dire la garantie d'un niveau de vie convenable, quelles que soient les circonstances, la maladie, l'invalidité, le décès ».

1. Pierre Laroque, « La sécurité, c'est l'élimination de l'incertitude du lendemain », *Revue d'économie financière*, n° 23 : *Le financement des retraites, la gestion du partage et des risques*, 1992, p. 345-348.

Dans les lignes suivantes de l'entretien, Pierre Laroque fait part de ses doutes sur les systèmes de capitalisation, « qui n'ont pas fait leurs preuves » ; il évoque la « non-stabilité de la monnaie » et se demande ce que va devenir le régime « qui, dit-on, serait mis en péril par le célèbre déficit de la Sécurité sociale ? Je prétends que ce déficit est artificiel puisque, seuls, les pouvoirs publics fixent à la fois le montant des cotisations et le taux de toutes les prestations. Il leur appartient donc de déterminer ces paramètres de manière à assurer l'équilibre général ».

Il est vrai que la charge de la vieillesse s'accroît parce que la durée de la vie se prolonge et que, en même temps, la fécondité de la population diminue. Au total, moins de jeunes et plus de vieux. De surcroît, la population âgée est davantage sujette aux maladies, à l'invalidité, d'où des dépenses accrues qui échappent au régime de retraite proprement dit. Il est vrai aussi que les charges de la Sécurité sociale augmentent proportionnellement plus vite que la richesse nationale. On connaît les solutions : réduction des prestations et/ou augmentation des cotisations. Il faut pourtant constater qu'à la différence de nombreux pays étrangers, au moins dans le régime général de la Sécurité sociale, l'État ne donne rien. En Allemagne par exemple, on a toujours eu une contribution importante du budget de l'État au régime de l'assurance vieillesse.

Visionnaire, Pierre Laroque conclut son entretien à la *Revue financière* sur ces mots prophétiques : « J'ai confiance dans l'avenir. Il faudra relever l'âge d'ouverture du droit à pension malgré les protestations véhémentes. Malheureusement l'idée que le progrès consiste à moins travailler est perçue comme une évidence. On sait pourtant aujourd'hui, grâce aux travaux des gériatres, que la vieillesse c'est comme le bon vin : pour bien vieillir, il faut travailler le plus longtemps possible. »

L'économiste Anne Lavigne résume ainsi les intentions des fondateurs de la Sécurité sociale : « Les ordonnances des 4 et 19 octobre 1945 se réclament d'une double influence, beveridgienne par leur caractère universaliste et bismarckienne par leur approche contributive[1]. » On passe de l'Assurance sociale à la Sécurité sociale en ce sens que la sécurité sociale est un but, alors que l'assurance n'est qu'un moyen parmi d'autres pour servir l'ambition politique. Le gouvernement affirme que son objectif est de tendre vers l'unicité et l'universalité. Tous les citoyens doivent être couverts. L'unicité ne sera jamais atteinte et elle ne l'est toujours pas à ce jour, l'universalité sera en revanche réalisée. Nous sommes tous couverts, y compris parfois ceux qui n'ont jamais contribué, comme les immigrés en situation irrégulière qui bénéficient de la CMU (couverture maladie universelle).

En 1982, un professeur d'économie de Paris-X et un jeune assistant agrégé d'économie, Dominique Strauss-Kahn et Denis Kessler, prennent la plume pour cosigner un ouvrage intitulé *L'Épargne et la Retraite*. Ils y affirment que « les difficultés démographiques que l'on peut craindre ne se feront pas sentir avant 2010, environ, et, de surcroît, les variables économiques (âge de la retraite, taux d'activité des personnes âgées, activité féminine, revalorisation des prestations) ont beaucoup

1. Anne Lavigne, *Économie des retraites*, La Découverte, coll. « Repères », 2013, p. 31.

plus d'importance que les seuls phénomènes démographiques[1] ». Strauss-Kahn et Kessler plaident pour un modèle par capitalisation qui ne viendrait pas abroger la répartition. Ils rappellent à juste titre que « l'épargne par accumulation patrimoniale qu'elle autorise n'est rien d'autre qu'une procédure de capitalisation gérée individuellement ». Ils affirment à cet égard que la capitalisation collective présente beaucoup d'avantages par rapport à la capitalisation individuelle.

Le malentendu des origines

Dans l'esprit des fondateurs de la Sécurité sociale, le projet philosophique de couverture sociale doit reposer sur les « 3 U » du régime de Beveridge. Universalité, Unité, Uniformité. S'agissant de la retraite, les professions indépendantes hostiles à leur intégration dans le régime général obtiennent un régime à part. Hors de question de toucher ou d'unifier les régimes anciens, comme ceux des fonctionnaires ou des cheminots.

La CGT, surpuissante dans la sphère de l'économie publique, veille au grain. Elle protège les intérêts matériels et moraux de sa base. En réalité, aux origines de la Sécurité sociale, la retraite est loin d'être perçue comme la principale priorité des fondateurs de la Sécurité sociale. La mise en œuvre de l'assurance maladie est autrement plus pressante. La généralisation des retraites se fera au détriment de l'unité d'un régime général. Au début des

1. Denis Kessler, Dominique Strauss-Kahn, *L'Épargne et la Retraite*, Economica, 1982.

années 1980, la part des retraites dans le PIB représente 10,2 %. L'ensemble des dépenses de vieillesse s'élève à l'époque à 279 milliards de francs, soit 42 milliards d'euros. Nous en étions à 325 milliards (d'euros) en 2018 !

Dans les années 1980, le voile se lève. On commence à découvrir la complexité de la Seconde Guerre mondiale. On s'est menti sur la France résistante, on se mentira aussi sur l'universalisme social. La carte postale historique est belle mais trompeuse. Les années de la Libération ont consacré des rentes. Et elles durent ! Au-delà des intentions, le gouvernement de la Libération accouche d'un projet très déséquilibré. François Charpentier commente : « Le projet de départ du CNR (Conseil nationale de la résistance), c'était la fiscalisation intégrale de la protection sociale. Il n'a pas été à son terme, la France a mis en œuvre un système dit bismarckien, adossé au versement de cotisations et géré par un collège mixte d'employeurs et de syndicalistes sous le regard de l'État. » Dans le grand élan de réconciliation, la France veut retrouver ses valeurs, dont celle de l'égalité.

« Le grand mensonge est là, ajoute François Charpentier. La mise en œuvre d'une couverture universelle n'est jamais parvenue à protéger tous les Français de la même façon. La retraite pour les salariés du privé était indigente, avec un taux de remplacement de l'ordre de 30 % du salaire. On a créé Agirc-Arrco pour rattraper ce retard. Les agents de l'État ont longtemps bénéficié d'une omerta sociale. Ils ont gardé tous leurs avantages, mais ceux du privé sont rentrés par la petite porte. La solidarité était une proclamation. Rien de plus. Les retraités ont bénéficié d'un seul avantage. De 1945 à 1979, ils n'ont pas payé la cotisation maladie et c'est Jacques

Barrot, ministre des Affaires sociales, qui a mis un terme à ce système pour faire face au dérapage des dépenses de santé[1]. » La CSG, arrivée après, traduit la fiscalisation de la protection sociale. Avec la réforme des retraites, Emmanuel Macron poursuit dans cet esprit.

Les premières secousses

L'instauration de la retraite à 60 ans par le couple Mitterrand-Mauroy au début des années 1980 fut une mesure politique dénuée de sens économique. Au cours d'un échange sur LCI (La chaîne Info), dans l'émission « PerriScope » que j'anime chaque jour du lundi au vendredi, Jean Peyrelevade (ancien conseiller de Pierre Mauroy, ancien président du Crédit lyonnais) me confia, au tout début décembre 2018, « la retraite à 60 ans, c'est notre très grande faute ». En 1981, plus de la moitié des personnes pouvaient déjà partir à la retraite en toute légalité à 60 ans, voire avant, du fait de mesures prises par la droite en faveur des femmes ayant élevé des enfants, ainsi que des travailleurs manuels et de tous les chômeurs versés par Raymond Barre dans de multiples dispositifs de préretraites : par exemple dans la sidérurgie, où la CGPS permettait de partir à 53 ans et 3 mois… En d'autres termes, la retraite à 65 ans n'existait plus dans les faits et, là encore, les employeurs ne tenaient plus à son maintien.

Au début des années 1980, Dominique Strauss-Kahn et son coauteur évoquent déjà « le problème de la

1. François Charpentier, *Les Retraites complémentaires Agirc-Arrco*, *op. cit.*

tolérance d'ordre psychologique aux prélèvements ». Ils n'ont pas tort. L'actualité récente des Gilets jaunes est venue rappeler que les Français sont hostiles aux prélèvements obligatoires, dont les cotisations sociales représentent désormais plus de la moitié. Le financement de la retraite est le poste de charge le plus important des cotisations sociales. Les Gilets jaunes le savaient-ils, autour des ronds-points de France ? La culture économique est assez peu répandue en France et il est fort probable que la mécanique de financement de la protection sociale soit mal connue du grand public.

C'est autour de cette ignorance que prospère, entre autres idées reçues, celle que la répartition est le seul système efficace. Les partisans de ce modèle n'aiment pas beaucoup qu'on leur rappelle qu'il a été introduit de façon autoritaire par le gouvernement de Vichy et que le Conseil national de la Résistance a prolongé ce modèle. Avant la guerre, rappelle Laurent Pahpy, de l'Iref (Institut de recherche économique et fiscale), les systèmes de retraite marchaient sur deux pieds : répartition et capitalisation. Plus récemment, on s'est efforcé d'introduire de la capitalisation à dose homéopathique, comme c'est le cas de la Préfon (retraite complémentaire pour les fonctionnaires et leurs conjoints). Dans les années 1980, les équilibres de la retraite sont encore à peu près assurés. Le travail prospectif de Strauss-Kahn et Kessler voit plus loin. Et que disent-ils ? Que « tout impôt sur les revenus du travail peut finir par restreindre l'offre de travail, et donc la base d'imposition ».

On sourit cependant en relisant les pages de *L'Épargne et la Retraite*. Les auteurs y affirment que le consensus des économistes fixe la barre admissible des prélèvements à 40 % du PIB. Le rapport parlementaire sur le projet de loi de finances 2019, publié en octobre 2018, dévoile un taux de prélèvements obligatoires de plus de 45 % du PIB, soit plus de 1 000 milliards d'euros.

Dans les années 1980-1990, le modèle ancien de répartition donne des signes de faiblesse. Les variables ont changé. Le nombre des retraités augmente et le risque « de ne plus compter assez de jeunes s'est rapidement diffusé même parmi les bons esprits[1] ». Le retour à la tendance de très long terme a été ressenti au cours de la décennie 1970 comme un renversement brusque, alors qu'il ne s'agissait que d'un « retour sur la trajectoire ». Les pouvoirs publics et l'opinion ont commencé à se poser des questions. Nous verrons plus loin que Michel Rocard a été le premier à attirer l'attention sur les difficultés qui allaient se présenter.

Le modèle a fonctionné tant que les jeunes pouvaient payer pour les vieux, tant que la croissance était soutenue, tant que l'espérance de vie des retraités était limitée, tant que les pensions versées étaient raisonnables, voire modestes dans de nombreux cas. L'explosion des dépenses de vieillesse a rapidement posé la question de leur financement. La charge qui pèse sur les actifs a augmenté dès lors que les revenus réels se sont affaiblis. Le poids relatif des dépenses de vieillesse s'est emballé, réduisant ainsi le pouvoir d'achat en temps réel des ménages. L'arbitrage s'est fait entre consommation immédiate et consommation différée.

Les quelques périodes de croissance en France entre 1990 et 2008 ont offert de l'oxygène aux salariés. La

1. *Ibid.*

croissance produit de l'investissement et des emplois. L'assiette de prélèvement s'élargit et la tension redescend. Malheureusement, la France n'a pas toujours fait les choix judicieux. Au moment où la croissance mondiale alimentait la croissance française, Lionel Jospin, Premier ministre de cohabitation, a choisi les 35 heures, alors que le reste de l'Europe menait des réformes de structure pour se préparer à des temps moins favorables. La contrepartie de cette réforme à contretemps aura été le blocage plus ou moins ferme des salaires (base de cotisation pour les retraites) pendant une dizaine d'années. Les cigales françaises ont raté l'occasion de renforcer leur position, au moment où l'Allemagne était présentée comme « l'homme malade de l'Europe ». Là encore, la petite histoire rappelle que c'est Martine Aubry, ministre du Travail, qui a porté la loi imposant de manière uniforme les 35 heures hebdomadaires. Dominique Strauss-Kahn, alors ministre des Finances, s'y était opposé publiquement, au point que Jospin lui avait fait un rappel à l'ordre. DSK, comme Rocard, prônait une réduction du temps de travail négociée par branches entre les partenaires sociaux.

Agirc-Arrco : un enjeu décisif pour les cadres

La faiblesse des pensions de retraite aux premiers temps de la Sécurité sociale a laissé la place à des régimes complémentaires. Les « collaborateurs » des dirigeants d'entreprises qui vont s'appeler cadres sont les premiers à créer l'Agirc (Association générale des institutions de retraite des cadres), en 1947. L'ancêtre de l'Arrco (Association des régimes complémentaires) naît 10 ans plus tard, en 1957, et se nomme l'Union nationale des institutions de retraite des salariés (Unirs). Les revenus supérieurs au plafond de la Sécurité sociale peuvent être placés dans ces institutions, qui vont changer la vie des retraités.

En réalité, le dispositif de retraites en France se construit par agrégations successives. De nouvelles offres se placent dans les espaces laissés libres par le régime général, nécessairement uniformisant, peu adapté à une société dans laquelle les revenus vont inégalement augmenter, et où va se former progressivement une classe moyenne prospère. Agirc et Arrco vont jouer un rôle essentiel dans la retraite des cadres de l'après-guerre, et jusqu'à ce jour. Les transformations en cours sur ces régimes sont porteuses de grands changements dans la géographie du monde du travail. Nous allons voir que la fusion Agirc-Arrco du début 2019 peut à terme conduire à la disparition pure et simple du statut de cadre.

Depuis sa création en 1947, Agirc, le régime complémentaire de la Sécurité sociale, ne concerne que les cadres. Arrco est créé en 1961 pour tous les salariés non cadres, sur la base du volontariat ; il sera rendu obligatoire en 1972[1]. Quelques balises s'imposent pour comprendre les enjeux :

1. Loi du 29 décembre 1972. Généralisation de la retraite complémentaire à l'ensemble des salariés et anciens salariés affiliés à titre obligatoire au régime général de Sécurité sociale. Affiliation à une institution membre de l'Arrco des salariés cadres sur la partie de leur salaire limitée au plafond de la Sécurité sociale.

a) Les réserves des deux régimes sont à ce stade évaluées entre 60 et 70 milliards d'euros. L'évaluation est relativement floue dans la mesure où les provisions, équivalant à moins d'une année de pensions, peuvent être rapidement consommées. Ces deux régimes n'empruntent pas pour servir les pensions comme c'est le cas de la Sécurité sociale.

b) Les régimes Agirc et Arrco sont des régimes à points[1] par répartition.

La situation salariale des cadres a beaucoup évolué au cours des 30 dernières années. En 1973, seulement 4 % d'entre eux étaient rémunérés en dessous du plafond de la Sécurité sociale. En 2018, ils étaient un tiers en dessous de ce plafond de 3 311 € (au 1er janvier 2018), ce qui traduit un tassement de leur rémunération. Jusqu'au dernier jour de l'année 2018, le régime des cadres comprenait trois tranches :

Tranche A	jusqu'à 3 311,00 € (Plafond SS)	
Tranche B	3 311 €	à 13 244 €
Tranche C	13 244 €	à 26 488 €

Depuis le 1er janvier 2019, deux tranches subsistent (la première concerne les revenus inférieurs au plafond de la Sécurité sociale fixé à 39 000 € de revenu annuel,

1. Chaque année, les cotisations sont transformées en points de retraite qui alimentent un compte ouvert au nom de chaque salarié. Les salariés se constituent ainsi des droits futurs à retraite. Pour connaître le montant de sa retraite, il suffit de multiplier son nombre de points par la valeur de ce point fixée tous les ans.

la seconde pour les revenus supérieurs à 39 000 €). Le site du journal *Les Échos*[1] publie en mai 2018 une tribune de Christelle Bonnet, gérante retraite chez Mercer, relevant que l'ambition de la fusion est « de mutualiser les ressources financières des deux caisses, sauver l'Agirc dont le régime, unique en Europe, est menacé en raison du vieillissement de ses cotisants et du ratio actifs/retraités, trop bas pour assurer la continuité du versement des pensions aux ayants droit ». Pour autant, poursuit Christelle Bonnet, « sauvetage et simplification ne font pas bon ménage, et si ces deux mesures sont nécessaires, faire converger deux approches différenciées du calcul des retraites ne peut se faire qu'au détriment d'une des catégories socioprofessionnelles concernées ».

Et qui va faire les frais de cette réforme ? Les cadres sous le plafond de 43 337 €, fixé pour l'année 2017, bénéficiaient d'un dispositif « de rattrapage » appelé GMP (garantie minimale de points) leur permettant ainsi d'atteindre les 120 points requis pour bénéficier du régime. Or, avec la réforme de 2019, la GMP a disparu. Théoriquement (et le mot doit être compris dans son sens le plus basique), la fusion des deux régimes comprend un rapprochement de la valeur des points alignée sur la valeur Arrco. Rien ne dit cependant que cette valeur sera maintenue à son niveau actuel.

Tous les observateurs de l'actualité sociale estiment que la réforme Agirc-Arrco s'inscrit dans la même logique que la réforme Macron : un régime de base réputé universel mais moins généreux. Selon Serge Lavagna, de la CFE-CGC, un marché de la capitalisation se développera au

1. www.lesechos.fr/idees-debats/cercle.

profit des cadres dépassant le plafond et, selon François Charpentier, le risque est sérieux de voir « Agirc-Arrco avalé par le régime général, une fois les modèles de calculs alignés les uns sur les autres ».

Mémo Agirc-Arrco

Des dispositions ont été prises pour réajuster l'âge réel de départ en retraite. Les personnes nées à partir de 1957 devront travailler une année de plus que l'âge « à taux plein » pour bénéficier d'une pension complète. Celles qui partiront à l'âge du taux plein subiront une décote de 10 % pendant les trois premières années de leur retraite.

6
POURQUOI UNE NOUVELLE RÉFORME ?

Le très sage Michel Rocard, attentif aux réalités du monde plus qu'aux mythes sociaux, avait en son temps observé les changements en cours. Il présentait le dossier des retraites comme hautement inflammable : de quoi faire sauter plusieurs gouvernements !

La prophétie de Michel Rocard (1990)

Les phénomènes auxquels nous sommes confrontés sont constatés chez nos voisins européens. Nous avons, en Europe, une trajectoire commune vers le progrès qui produit des effets comparables : les progrès de la santé ont dopé l'espérance de vie, la croissance ralentit car nous voyons retomber un cycle de croissance élevée et notre population ne se renouvelle pas aussi vite qu'au début de ce cycle. Voici ce que Michel Rocard écrivait de notre situation dans son *Livre blanc sur les retraites*, en… 1991 :

« Nous ne sommes pas les seuls à connaître ces phénomènes, toutes les sociétés occidentales connaissent les mêmes types de problèmes. Aussi, dans notre effort pour trouver des solutions, nous pouvons réfléchir un instant sur quelques exemples étrangers.

Les situations de départ sont certes différentes, tout comme les principes qui fondent les systèmes de retraite. Mais la plupart de nos voisins ont déjà commencé à adapter leurs systèmes, et il faut bien constater que les différences dans les solutions s'accusent.

En Grande-Bretagne, le régime vieillesse constitue un filet de sécurité ultime pour personnes âgées démunies, l'essentiel des revenus des retraités devant venir de plans de capitalisation collectifs ou individuels qui demandent d'accumuler d'abord des revenus pour pouvoir servir des retraites. La gestion collective publique est a priori suspectée et seules les décisions professionnelles ou individuelles sont considérées comme légitimes. Dès lors, toute la philosophie de la réforme mise en œuvre en 1986 dans le pays vise à décourager au maximum les entreprises d'adhérer au régime public de sécurité sociale par répartition, au profit de régimes de retraite d'entreprises gérés par capitalisation. On incite, donc, autant les entreprises que les personnes physiques à quitter le système public.

En Allemagne, après deux années de débat et de concertation, le système légal d'assurance vieillesse par répartition s'est fixé pour objectif de réduire de 3 points à l'horizon 2010 le taux des cotisations retraite. Pour ce faire, des économies sont réalisées par l'adaptation du mode de revalorisation des pensions, le recul progressif de l'âge de la retraite et des conditions de validation plus strictes. Au-delà de ces économies, le besoin de financement du régime est pris en charge par le budget fédéral et donc par l'impôt. L'exemple allemand a le mérite de montrer qu'on peut traiter un problème très à l'avance et lui trouver une solution assumée par l'ensemble des partenaires sociaux.

Les États-Unis, pour faire face au choc de 2010, programment le recul de l'âge de la retraite, remettent en cause les avantages acquis et s'orientent vers une conception de la retraite plus proche du revenu minimum que de la parité avec le revenu d'activité. Depuis la réforme de 1982, les prestations ont été réduites pour ceux qui peuvent prétendre à un cumul de retraites, la clause d'indexation sur les prix, trop avantageuse au regard des possibilités de financement, a été révisée. Des cotisations supplémentaires ont été décidées et affectées à un fonds de réserve, l'âge de la retraite a été reculé (jusqu'à 67 ans en 2027 pour les Américains nés en 1960). Des primes sont versées pour ceux qui restent en activité après l'âge légal de la retraite[1]. »

Les gouvernements qui se sont succédé en France depuis 1981 ont laissé s'installer progressivement l'idée que la retraite était un acquis inattaquable et éternel. Erreur ou démagogie ? Le système de retraite repose sur des bases qui sont la contribution des actifs avec des variables comme le nombre d'actifs, la contribution unitaire par actif, l'espérance de vie, le taux de remplacement, etc. En 1982, la France est dirigée par un gouvernement d'union de la gauche. Ses réformes sont

1. Michel Rocard, *Livre blanc sur les retraites*, La Documentation française, 1991.

présentées comme de grandes avancées sociales. Pure démagogie, qui se traduira plus tard par une hémorragie des finances publiques dont nous pâtissons encore à ce jour. On peut toujours parler de progrès social, mais quand il endette les générations qui viennent, le progrès social se transforme en bombe à retardement. En 1982, quand l'union de la gauche (parti socialiste, parti communiste français et radicaux de gauche) abaisse l'âge de départ à la retraite à 60 ans, Michel Rocard proteste et montre que cette réforme se paiera au prix fort. Qu'importe, François Mitterrand et ses alliés font de la politique. Mitterrand a toujours détesté l'économie. Il ne sait pas compter. Dans les 30 années suivantes, la France va enchaîner les réformes ou, dans certains cas, les réformettes pour ajuster le curseur et éviter l'avarie grave.

La réforme Balladur (1993)

La loi du 22 juillet 1993 réforme le régime général (salariés) et les trois régimes alignés (salariés agricoles, artisans, industriels et commerçants), afin de maîtriser leurs déficits. La durée de cotisation pour une retraite à taux plein passe progressivement de 37,5 années à 40 années. Le salaire annuel moyen de référence servant de base pour le calcul de la pension est calculé progressivement sur les 25 meilleures années et non plus les 10 meilleures. La revalorisation annuelle des pensions est faite en fonction de l'indice des prix à la consommation et non plus sur la base de l'évolution générale des salaires.

La loi de 1993 crée, par ailleurs, le Fonds de solidarité vieillesse (FSV), chargé de financer le minimum vieillesse et certains avantages vieillesse non contributifs. Ce nouveau fonds est alimenté par une hausse de la contribution sociale généralisée (CSG), instituée en 1991. Une étude de la Caisse nationale d'assurance vieillesse (Cnav) publiée en 2008 montre que la réforme de 1993 s'est traduite par le versement de pensions moins élevées pour l'ensemble des retraités entre 1994 et 2003. Pour les salariés, elle a eu principalement pour effet de faire baisser le taux de remplacement (ratio entre le total des pensions versées la première année de retraite et le dernier salaire annuel perçu), selon le site gouvernemental vie-publique.fr. Dans son édition du 7 juillet 2003, le journal *Libération* doit cependant reconnaître que la réforme Balladur « a permis de maintenir un excédent de la caisse vieillesse de la Sécurité sociale ».

Un autre aspect de la réforme Balladur est passé inaperçu. Les pensions du privé ne sont plus indexées sur les salaires mais sur les prix, qui évoluent bien moins vite. Pour éviter la fureur de la CGT, Balladur comme Chirac finiront par s'incliner. Ce sont les salariés du privé qui font les frais de la réforme Balladur. Après les États généraux de la Sécurité sociale, en 1987, qui n'avaient débouché sur aucune mesure concrète, Philippe Séguin, ministre des Affaires sociales, fit voter par les députés la suppression de la désindexation des retraites sur les salaires pour aller vers un système d'alignement d'indexation sur les prix pour une durée de 5 ans. En fait, la réforme Balladur pérennise les décisions de 1987 et reste aujourd'hui encore en vigueur. De toutes les mesures prises, elle se révélera à la longue la plus efficace en termes d'économies réalisées pour préserver le système.

La réforme Fillon (2003)

En 1999, sous le gouvernement du socialiste Lionel Jospin, le rapport Charpin attirait l'attention sur les risques de dérapage. L'année suivante, la création du COR semblait signifier enfin la reconnaissance du caractère central de cette question dans notre modèle social, mais aussi des périls liés à son financement. Mais la gauche plurielle repoussa toute idée de réforme au lendemain de la présidentielle où elle fut balayée dès le premier tour.

Sans surprise, la réforme du ministre des Affaires sociales François Fillon provoquera l'ire des organisations syndicales. Les grèves se succèdent dans les transports et l'Éducation nationale. La CFDT et la CFE-CGC obtiennent des concessions du gouvernement, sur un taux de remplacement supérieur pour les salariés au Smic et pour les bas salaires.

La loi du 21 août 2003 (connue sous le nom de « réforme Fillon ») entre en vigueur le 1er janvier 2004. Elle réforme l'ensemble des régimes de retraite, à l'exception des régimes spéciaux. Que faut-il en retenir ?

Entre 2004 et 2008, la durée de cotisation des fonctionnaires est alignée sur celle des salariés du privé (de 37,5 à 40 ans). À compter de 2009, la durée de cotisation pour tous est allongée, pour atteindre 41 ans en 2012. Le dispositif de décote est assoupli (baisse de la pension lorsque l'assuré part plus tôt à la retraite) pour les salariés du privé et élargi aux fonctionnaires. Un dispositif de surcote pour les salariés du privé et les fonctionnaires est mis en œuvre (hausse de la pension en cas de départ retardé). La réforme Fillon propose un dispositif de départ anticipé pour les carrières longues, permettant à ceux qui ont commencé à travailler entre 14 et 16 ans et ont cotisé la durée requise pour leur génération de prendre leur retraite avant 60 ans.

Deux nouveaux dispositifs d'épargne salariale facultatifs sont créés : un contrat individuel, le Plan d'épargne retraite populaire (Perp) et un contrat collectif d'entreprise, le Plan d'épargne pour la retraite collectif (Perco) :

– le recours aux préretraites est limité ;

– les pensions des fonctionnaires sont indexées sur les prix et non plus sur le point d'indice de la fonction publique ;

– une retraite additionnelle de la fonction publique est créée (RAFP) sous la forme d'un régime complémentaire obligatoire par points pour les fonctionnaires. Elle permet de prendre en compte les primes des fonctionnaires « dans la limite de 20 % du traitement indiciaire ».

Le bilan de la réforme Fillon dressé par la Caisse nationale d'assurance vieillesse en 2008 est en demi-teinte. Si elle a provoqué une vague massive de départs en préretraite, elle n'est en revanche pas parvenue à retarder les départs à la retraite (le taux d'emploi des 55-64 ans reste faible). Tous les gouvernements qui se sont succédé après la création du COR, en 2000, vont procéder à des ajustements. Aucun d'entre eux n'est parvenu à régler sérieusement et durablement la question des retraites. On a repoussé le tas de sable ! Sans doute par peur, mais aussi parce qu'à chaque fois, les organisations syndicales de « lutte de classes » ont menacé le pays de blocage.

Pour celles-ci, l'enjeu est la préservation des acquis de leurs soutiens, en particulier dans les services publics et chez les fonctionnaires. Les syndicats « anticapitalistes » ne défendent pas les chômeurs, ils défendent ceux qui ont un emploi, et le plus souvent dans le secteur public.

La réforme Sarkozy (2010)

Que retenir de la loi du 9 novembre 2010 du ministre Woerth, connue sous le nom de « réforme Sarkozy » ? Une énième réforme ou plutôt un énième ajustement.

Le dispositif Woerth présente des mesures liées aux droits des assurés (âge légal de départ, âge de liquidation à taux plein, etc.) et des dispositions relatives à la prise en compte de la pénibilité et des interruptions de carrière (maternité, chômage, etc.). La mesure principale du dispositif Woerth porte sur le glissement progressif de 60 à 62 ans de l'âge légal de départ en retraite entre 2011 et 2018. Le reproche adressé à la loi Woerth porte précisément sur son caractère temporaire[1]. La gauche s'époumone contre le gouvernement de François Fillon ; les économistes retiennent que le régime est provisoirement sauvé, mais qu'il faudra très vite prendre de nouvelles mesures.

1. La loi de financement de la Sécurité sociale pour 2011 crée de nouvelles recettes afin de « faire participer l'ensemble des assurés à l'effort de rééquilibrage des régimes de retraite » : hausse de la tranche la plus élevée de l'impôt sur le revenu (41 % au lieu de 40 %) et des taxes sur les stock-options et les retraites « chapeau », relèvement des prélèvements forfaitaires sur les revenus du capital et des taxes sur les dividendes perçus par les actionnaires.

Le décret « carrières longues » de 2012

Le décret n° 2012-847 du 2 juillet 2012, instaurant la retraite à 60 ans au titre des carrières longues pour les assurés ayant commencé à travailler avant 20 ans, est publié au *Journal officiel de la République française* (*JORF*) le 3 juillet 2012.
Le texte précise que cet élargissement du dispositif carrières longues concerne « les assurés du régime général, des régimes alignés (salariés agricoles, artisans, commerçants), des travailleurs non-salariés agricoles, des professions libérales, des avocats, du régime de la fonction publique de l'État, des régimes de retraite des fonctionnaires territoriaux et hospitaliers et des ouvriers de l'État, du régime social des ministres du culte, du régime de retraite du personnel de la Régie autonome des transports parisiens, du régime des industries électriques et gazières, du régime de la Banque de France, du régime des clercs et employés de notaires, du régime de l'Opéra national de Paris et du régime de la Comédie-Française ».
Cette mesure ouvre droit à la retraite anticipée à 60 ans aux assurés « justifiant de la durée d'assurance cotisée requise pour leur génération et ayant commencé à travailler avant 20 ans ».

La réforme Touraine (2014)

« Nous n'avons pas caché que des efforts seraient nécessaires », Quand elle gouverne, la gauche retrouve (parfois) des éclairs de lucidité, comme le montre cette citation de Marisol Touraine. La loi Touraine ne fait pas exception aux précédents ajustements. Elle augmente la durée de cotisation pour accéder à une pension à taux plein. Cette durée est relevée d'un trimestre tous les 3 ans de 2020 à 2035 pour les générations nées à partir de 1973. La durée de cotisation doit atteindre 43 ans, soit 172 trimestres, en 2035.

Marisol Touraine fait créer un « compte pénibilité », destiné à renforcer les droits des personnes dont l'activité a pu entraîner des conséquences néfastes pour leur santé. La pénibilité entre dans le calcul des droits – et ce n'est que justice. En 2017, le compte pénibilité s'est transformé en « compte professionnel de prévention ». La France aime les changements de nom. Retenons que les salariés exposés au travail de nuit, aux environnements agressifs, au bruit et aux intempéries sont éligibles à des dispositifs de départ anticipé. Un droit opposable à la retraite est institué, comme il existe un droit opposable au logement. Ces droits nouveaux, théoriques et souvent virtuels, se heurtent au mur du réel. L'économie finit toujours par rattraper la politique. C'est juste une affaire de temps.

La réforme Macron (2019)

La réforme Macron est une réforme systémique : on cesse de jouer avec les curseurs pour basculer dans un système à points. L'ambition est double :

a) créer progressivement un système universel dans lequel 1 € cotisé donnera les mêmes droits (c'est aujourd'hui loin d'être le cas) ;

b) assurer le pilotage de cet acquis social pour en assurer la pérennité dans la durée.

Emmanuel Macron veut mettre un terme à la dérive financière de notre modèle social, qu'il s'agisse de sa réforme des indemnités chômage ou de la retraite. Un acquis social n'est pas un acquis s'il n'est pas ou plus financé. C'est dans cet esprit que la règle d'or permettra d'adapter l'âge de départ en fonction de l'évolution mesurée de l'espérance de vie.

Le changement de modèle est adossé à des mesures fortes, mais justes. Ainsi, le système à points implique la suppression progressive des régimes spéciaux. Ils seront fondus dans un grand régime général. La valeur du point sera la même pour tous. Les pensions seront revalorisées sur le taux d'inflation, mais l'équipe du haut-commissaire a formulé la proposition qu'une partie soit indexée sur l'évolution des salaires. Le document de travail issu de très nombreuses rencontres avec les partenaires sociaux et remis au Premier ministre prévoit « un âge de taux plein » à 64 ans avec décotes et surcotes pour les assurés nés à partir de 1963. Le rendement sera ajusté à raison de 5 % par an autour de cet axe pivot de 64 ans.

Les carrières discontinues ne seront pas pénalisées. C'est une des contreparties du passage de 62 à 64 ans. Les taux de cotisation devraient être harmonisés. Ils sont à ce jour très déséquilibrés et c'est probablement la principale injustice du modèle actuel, beaucoup plus que l'âge de départ. L'État employeur cotise à une hauteur très élevée pour ses agents quand on compare avec la situation du privé. C'est sur ce point que le bond en avant risque d'être durement ressenti. Pour adoucir la transition vers un modèle plus égalitaire entre privé et public, les primes des fonctionnaires et des assurés des régimes spéciaux seront prises en compte. Il en résultera pour ces populations une baisse de leur revenu disponible : c'est le prix à payer pour donner les mêmes chances à tous sur la ligne de départ.

L'équité devrait l'emporter sur l'égalité pour les professions exposées. Des exceptions au départ à 64 ans seront mises en œuvre pour tenir compte de la pénibilité. Attention toutefois : le haut-commissaire a eu la main lourde pour 500 000 personnes qui étaient jusqu'alors rangées dans les catégories actives. Seuls les fonctionnaires exerçant des activités régaliennes continueront de bénéficier de départs anticipés (policiers, militaires, gardiens de prison, contrôleurs aériens).

Pour les autres, cheminots ou personnels médicaux, un dispositif de départ avant 64 ans devra être proposé, mais ces personnes ne seront plus associées au statut des catégories actives. Contrairement aux critiques dont elle a été l'objet, la réforme Macron présente un caractère très solidaire. Les périodes de chômage ou d'éloignement du monde professionnel donneront lieu à la distribution de points de solidarité ; les avantages familiaux seront indexés sur le nombre d'enfants par foyer et prioritairement fléchés vers la mère. Enfin, la retraite minimum sera fixée à 85 % du Smic net, contre 81 % aujourd'hui pour les salariés et 75 % pour la population des agriculteurs. Ajoutons que les hauts revenus supérieurs à 120 000 € par an ne seront pas prix en compte dans le calcul des droits, mais devront abonder une cotisation de solidarité de 2,81 %. On ne fait pas plus social !

La réforme Macron vise l'équilibre financier et ressemble à s'y méprendre aux propositions de la CFDT sur la retraite à la carte. Elle doit aussi changer la donne dans le domaine sensible de la gouvernance. Jean-Paul Delevoye défend une formule associant des représentants des assurés, des employeurs et des indépendants dans un conseil d'administration souverain pour apprécier les trajectoires financières et proposer les mesures d'ajustement qui seront nécessaires. Un conseil citoyen pourrait aussi faire des propositions au gouvernement et au Conseil d'administration du régime universel une fois par an.

7
UN COUP DE PIED DANS LA FOURMILIÈRE

La réforme des retraites a été présentée comme l'une des grandes réformes sociales du mandat d'Emmanuel Macron. Son projet figurait dans *Révolution*, livre publié avant l'élection présidentielle de 2017. Au sujet des retraites, le candidat Macron écrivait : « Les différents régimes doivent être rapprochés en quelques années afin de construire progressivement un régime universel. La retraite, ne devrait pas, à terme, dépendre du statut du travailleur, salarié, indépendant ou fonctionnaire, mais de la réalité de son travail. Et c'est sur cette base que la question de la durée de cotisation doit être posée et non de manière uniforme. Cela sera plus clair pour tout le monde et en même temps plus juste[1]. »

1. Emmanuel Macron, *Révolution*, XO éditions, 2017.

Réformer pour épargner les générations futures

Dans l'ensemble, les Français sont assez favorables à un régime unique. Une étude de l'institut Elabe réalisée les 8 et 9 janvier 2019 pour *Les Échos*, Radio Classique et l'institut Montaigne nous dit que selon 62 % des personnes interrogées, le système par points permettra de mieux prendre en compte la spécificité de certaines situations et que, pour 64 %, ce système rendra les retraites plus équitables pour tous les Français. Au total, titre *Les Échos*, « deux Français sur trois sont favorables à la réforme ». Méfions-nous cependant. Les faveurs accordées aux réformes par les Français sont souvent très déclaratives et peu suivies d'effets. La retraite pas plus que la société dans son ensemble n'est en mesure d'offrir à chacun de s'enrichir au détriment de tous les autres. À gauche, et parfois même très à gauche, on peut convenir de la nécessité d'une réforme. Sterdyniak et Cornilleau écrivent : « Le système, avec ses multiples régimes et leurs règles disparates, est compliqué ; les disparités, réelles ou ressenties, entre le secteur public et le secteur privé suscitent toujours un sentiment d'injustice, de sorte qu'une grande réforme unificatrice peut sembler nécessaire[1]. » À l'occasion du débat sur l'ouverture à la concurrence du marché du transport ferroviaire de passagers, les Français ont (re)découvert que le régime spécial des cheminots coûtait 3,5 milliards d'euros à la collectivité chaque année.

Le fruit pourrait paraître mûr, mais... Les conditions du débat, début 2019, étaient très dégradées.

1. *Op. cit.*

Une très vive tension sociale a saisi le pays au mois de novembre 2018 et pris un tour tragique en décembre et au début de l'année 2019. L'activité économique a été ralentie par un mouvement social sans précédent, né d'une revendication sur la fiscalité des carburants. Ce mouvement polymorphe, incandescent, inorganisé, parfois contradictoire, exprimait une révolte des Français modestes. Ils sont souvent mal formés, inaccessibles aux logiques économiques, ils ont tendance à croire aux miracles en économie et, autour des ronds-points où ils se regroupaient avec des gilets jaunes, on trouvait beaucoup de retraités mécontents. Les pensions représentent une somme annuelle de 325 milliards d'euros (2018), soit une part dominante des prestations sociales versées chaque année aux assurés.

Financement des systèmes de retraite (2018)

Cotisations sociales	255 Mds €, soit 80 %
Fiscalité	36 Mds €, soit 11 %
Subventions de l'État	6 à 7 Mds €, soit 2 %
Transferts d'organismes extérieurs	17 Mds €, soit 5 %

Tableau réalisé à partir des données du COR (la part fiscalité et subvention d'État vise l'ensemble des subventions d'équilibre versées par l'État au titre du bloc des retraites de la fonction publique, civile et militaire).

La retraite est une « institution », un pilier de la république sociale. Emmanuel Macron a-t-il vraiment saisi tous les enjeux de la transformation qu'il entreprend ? Cette fois, il ne s'agit pas du statut de telle ou telle catégorie de salariés, comme c'était le cas avec les cheminots. Avec les retraites, on touche au principal revenu de remplacement de plus 17 millions de personnes, et tendanciellement de beaucoup plus. On ne détricote pas sans risque ce que les sédiments de l'Histoire ont accumulé. Frédéric Sève, secrétaire national de la CFDT, le négociateur maison, remarque cependant devant l'auteur que « le dossier n'est pas si explosif qu'on aurait pu l'imaginer compte tenu des irritants qu'il contient ». Selon lui, le système est pilotable à ce stade, mais il y aurait un coût politique à renoncer à cette réforme annoncée.

La CFDT est attachée à quelques principes fondamentaux. Elle refuse le débat sur une modification de l'âge de départ en retraite, qu'elle estime hors sujet. Elle préfère s'attacher à la durée de cotisation. Le raisonnement est judicieux à une époque où les jeunes entrent dans la vie active à des âges très différents, souvent en fonction de leur parcours de formation. Certains commencent à travailler jeunes, souvent sans formation, et sont cantonnés à des travaux peu qualifiés et mal rémunérés. Les étudiants des cycles longs, des grandes écoles ou des écoles d'ingénieurs entrent eux plus tardivement dans la vie active, parfois au-delà de la borne d'âge de 25 ans. Pour ces deux « familles » de jeunes, l'âge de départ en retraite ne peut pas être le même. C'est bien la durée de cotisation qui doit être prise en compte. La moitié des salariés partent à l'âge du taux plein. 25 % partent plus tôt et 25 % plus tard. Ces derniers travaillent dans des entreprises qui valorisent leur qualité de vie.

Il existe aussi parfois des raisons économiques, commente Frédéric Sève. Par exemple, ceux qui disent qu'ils partiront en retraite « quand ils auront fini de payer l'appartement ou la maison ». Quels que soient les choix de chacun, la tendance doit être finement observée. On ne pourra plus faire de miracles. Observons le tableau ci-dessous, bâti sur la base des données de l'Insee. Intéressons-nous prioritairement à la courbe du rapport démographique qui exprime le ratio cotisant/retraité. Elle montre que le nombre de cotisants pour un retraité est passé d'un rapport de 3/1 en 1975 à 2,1 en 2002 et 1,7 en 2017, selon le CDR (Conseil d'orientation des retraites). Le rapport entre actifs et retraités s'établirait aujourd'hui à 1,4, selon d'autres sources, et devrait encore se dégrader. La réforme d'un modèle fondé sur la croissance et la démographie s'impose dès lors que les deux variables du système se sont renversées.

Évolution du nombre de retraités, de cotisants et rapport démographique d'après les chiffres de l'Insee

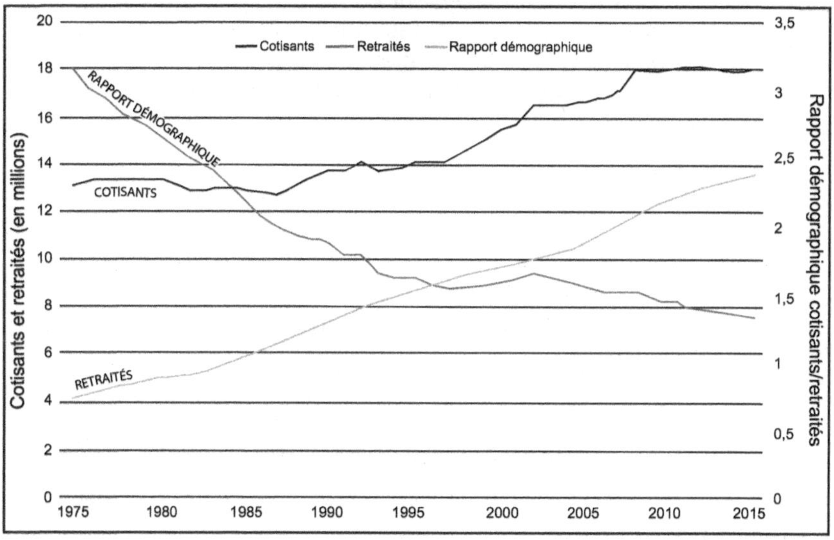

Source : Iref, Institut de recherche économique et fiscale. Laurent Pahpy, d'après une source Insee, 2018.

La retraite, outil de redistribution égalitaire dans le pays

Le système de retraite est-il un correcteur d'inégalité ou a-t-il tendance à les aggraver ? La retraite par capitalisation (qui n'est pas notre système) n'a aucun effet correcteur. La question de la redistribution des richesses centrale dans une république sociale est du ressort de la fiscalité. Voyons cependant ce qu'il en est des retraites. Trois variables pour comprendre l'enjeu de ce calcul et une conclusion au moins temporaire au point (d) :

- a) Les écarts de revenus sont de 1/4. Quand on observe les revenus primaires (issus du travail par exemple) l'écart est de 1/8, mais après redistribution il retombe à 1/4.
- b) Les écarts de cotisation de retraite sur une carrière se mesurent à 1/5,5.
- c) La part des pensions calculées sur les seuls droits contributifs comprend un rapport de 1/6,5.
- d) Quand on y ajoute les droits dits non contributifs, l'écart se resserre à raison d'un écart de 1/4. C'est donc dire que ce dernier élément, la part des droits non contributifs, est un facteur de redistribution ou de réduction des écarts. À sa façon, la retraite contribue à la solidarité nationale. Les cotisations sociales ne représentent en effet que 68 % du financement des régimes de retraites, une partie de la CSG, les subventions d'équilibre de l'État et une contribution du capital complètent les financements pour en arriver aux 315 milliards distribués.

Des jeunes déjà vieux

Le dossier des retraites préoccupe les Français, parfois même de façon contre-intuitive. Au moment des mouvements de grève de 2017 dans les universités, j'ai vu à la télévision des adolescentes hurler qu'elles ne toucheraient jamais de retraite. Aucune n'avait la moindre idée des mécanismes de calcul de la retraite et des projections pour le XXIe siècle, mais qu'importe.

Le fait que ces jeunes adultes aient cité la retraite dans leur discours contestataire montre rétroactivement à quel point ce dossier est emblématique et fortement chargé d'émotion. Les deux extrémités de la vie, la jeunesse et la retraite, sont placées dans un espace de réaction où dominent l'inquiétude et les fantasmes. Certes, la retraite se prépare tôt dans la vie professionnelle, mais de là à en faire un horizon social absolu… surtout quand on a tout juste 20 ans.

Dans le même esprit, comme le relève avec justesse Anne Lavigne dans son *Économie des retraites*, allonger la durée d'activité des seniors ne revient pas à priver la jeunesse d'emploi. Dans certains secteurs en tension, le besoin de main-d'œuvre absorbe l'offre de travail des jeunes et des plus anciens. Une société au travail produit des richesses et elle finance son modèle social. Serge Lavagna, le négociateur de la CFE-CGC (Confédération française de l'encadrement-Confédération générale des cadres) pour la réforme des retraites, un fin connaisseur des dossiers sociaux, admet que « les gens qui se projettent à l'âge de la retraite, souvent au cours des dernières années de leur vie professionnelle, sont angoissés à l'idée qu'ils n'auront peut-être pas assez pour vivre ». Selon lui, cette angoisse explique en partie « la frénésie des Français pour la propriété immobilière. On se dit qu'on aura au moins un toit au-dessus de la tête ». Serge Lavagna est en contact avec ses collègues européens. Il observe que les « Anglais savent dès le départ que la retraite, c'est un minimum social, ils constituent une retraite par capitalisation dès leur entrée dans la vie professionnelle ». Les Français n'en ont pas toujours conscience mais nous avons, en France, le système de retraite le plus abondant, le plus généreux et, accessoirement, le plus solidaire.

Serge Lavagna l'affirme, « la concertation avec l'équipe Delevoye est sérieuse, on a affaire à un politique entouré par de bons techniciens. C'est heureux car c'est une réforme colossale en termes d'Histoire sociale[1] ». À la CFE-CGC comme dans de nombreuses centrales syndicales, on émet des doutes sur le fait que cette réforme « n'est pas destinée à faire des économies ». L'enjeu est de maintenir le niveau des retraites distribuées dans la tranche des 14 % de PIB. « On est à peu près sûr de la démographie parce qu'elle est prévisible mais on est loin d'être assuré que la croissance restera à son niveau actuel, autour de 1,5 % par an[2]. » Si d'aventure le PIB devait croître rapidement, ce qui serait un signe de bonne santé économique, la part relative des retraites dans la richesse créée diminuerait sans que les pensions distribuées ne varient en volume. Mais nous n'en sommes pas là ! Une des craintes de la CFE-CGC porte sur la modification des plafonds de cotisation. En les baissant, on ouvre la porte à des régimes complémentaires par capitalisation pour les plus fortunés… mais est-ce vraiment un drame ?

Rassurons tout de suite les futurs retraités ; tous les droits acquis avant la mise en œuvre de la réforme en 2025 seront calculés selon les règles de l'ancien régime. Prenons le cas d'un futur retraité qui serait à cheval sur l'avant et l'après 2025. Imaginons qu'il prendra sa retraite

1. Entretien avec l'auteur, printemps 2019.
2. *Idem.*

en 2027. L'assuré a cotisé 40 années (jusqu'à 2025) et deux années de plus entre 2025 et 2027. Les 40 années de cotisations avant 2025 seront prises en compte selon les règles anciennes et de 2025 à 2027, soit 2/40e seront calculés sur la base des règles nouvelles dans le cadre d'un régime à points.

L'outil de la surcote permet à 14 % des retraités de partir en retraite avec une pension plus confortable. Cet outil concerne les personnes qui ont choisi de travailler au-delà de l'âge du taux plein.

Les Échos du 22 novembre 2018 commentent « un pari gagnant pour les finances publiques : la surcote fait rentrer plus d'impôt sur le revenu, plus de cotisations alimentant l'ensemble de la sphère sociale. Elle permet par la suite de liquider une retraite plus élevée, avec plus de prélèvements obligatoires et moins d'aides sociales à la clé ». De surcroît, ajoute Dominique Seux, directeur de la rédaction du quotidien économique *Les Échos*, « un salarié qui travaille deux années de plus, c'est toujours deux années de retraite en moins à verser ». Ce modèle qui prévalait jusqu'à la réforme devra être adapté au régime par points. Le COR suggère deux pistes. On peut convertir la valeur du point en l'adaptant à la durée d'espérance de vie à la retraite des personnes concernées, elle-même dépendante de l'espérance de vie de la génération en question. La deuxième option qui est envisagée consiste à définir un âge pivot adossé à l'espérance de vie et assorti d'une décote ou d'une surcote en fonction du moment de départ en retraite : avant ou après l'âge pivot.

À chaque réforme, on croit avoir réglé le problème de façon définitive. Une fois passés au régime par points, nous pourrons jouer sur l'évolution de la valeur du point. Cette variable d'ajustement permettra d'éviter une nouvelle réforme et incitera à travailler au-delà de l'âge du taux plein.

Les plus de 60 ans de plus en plus nombreux

En 1901, seulement 12,7 % de la population est âgée de plus de 60 ans. Ils ou elles ne sont que 2,5 % à dépasser les 75 ans. La part des plus de 60 ans progresse ensuite légèrement, par paliers, pour atteindre 16,7 % de la population en 1970. Le décollage commence en 2000. 20 % de la population a plus de 60 ans, et 25 % en 2016. Les plus de 75 ans sont presque 10 % et la tendance au vieillissement est confirmée[1].

Quelques vérités économiques sur les régimes spéciaux

Les régimes spéciaux de retraite forment ce qu'on appelle le quatrième bloc de régime de Sécurité sociale, en marge du régime général, du régime agricole et du régime des travailleurs non salariés et non agricoles, comme par exemple les entrepreneurs et les professions libérales. Ils sont une exception à la règle de droit commun dans un pays qui a connu une vague massive de salariat industriel au cours du XXe siècle. Ces régimes fonctionnent sur la base théorique d'une solidarité restreinte par profession.

En réalité, la solidarité intraprofessionnelle est très insuffisante pour assurer leur équilibre et ce principe fondateur est aujourd'hui régulièrement contourné. Il

1. www.vie-publique.fr.

l'est d'autant plus que les effectifs de la fonction publique sont appelés sinon à baisser du moins à ne plus croître. Une base contributive qui stagne pour des ayants droit de plus en plus nombreux et dont l'espérance de vie croît ! L'équation du financement se complique.

Depuis 2017, les départs à la retraite des fonctionnaires s'accélèrent. Ils avaient été ralentis par les dispositions des réformes précédentes, dont celle de 2010, repoussant de 60 à 62 ans l'âge de départ. En 2017, le taux de liquidation des retraites dans les trois fonctions publiques a augmenté de presque 10 %. 182 000 départs en retraite ont été enregistrés pour des agents qui arrivaient à l'âge du taux plein. Au tout dernier recensement consolidé, les effectifs des régimes de retraites de la fonction publique sont en croissance constante (pour reprendre la formule du document budgétaire 2019) depuis 1990, à un rythme moyen de 2,4 %.

Les états statistiques d'aujourd'hui ne reflètent pas la réalité de demain. Il faut regarder l'horizon pour comprendre ce qui se prépare. Avec le temps, l'âge moyen des agents de la fonction publique augmente. Les fonctionnaires bénéficient de carrières longues, avec des progressions constantes. Ils sont protégés du chômage par leur statut. Résultat : fin 2016, un agent de la fonction publique d'État sur trois avait plus de 50 ans, et cette proportion augmentait jusqu'à 43 % dans la fonction publique territoriale. Ce stock de personnes de plus de 50 ans va alimenter dans les 10 années à venir un besoin de financement supplémentaire. On peut parler d'un effet ciseau à venir : une base contributive plus faible et des besoins de financement croissants.

Nombre total de pensionnés des régimes de retraite de la fonction publique (et parts relatives au sein de la fonction publique) et des ouvriers d'État en 1990, 2000, 2010 et 2017

Année	FPE : civils (y compris ATI)		*FPE : civils (y compris ATI) mais hors Orange SA et La Poste*		FPE : militaires		FPT et FPH (CNRACL)		TOTAL 3FP	FSPOBE (*)
1990	1 011 225	51 %	*n.d.*	-	580 242	29 %	403 208	20 %	1 994 675	n.d.
2000	1 318 548	52 %	*1 159 092*	*46 %*	562 933	22 %	642 939	25 %	2 524 420	112 691
2010	1 772 131	53 %	*1 478 096*	*44 %*	549 334	16 %	1 009 644	30 %	3 331 109	106 647
2017	1 951 334	51 %	*1 591 223*	*42 %*	548 266	14 %	1 301 292	34 %	3 800 892	100 402
Progression 2017/2000, en moyenne par an	+ 2,3 %		*+ 1,9 %*		- 0,2 %		+ 4,2 %		+ 2,4 %	- 0,7 %
Progression 2017/1990, en moyenne par an	+ 2,5 %		*n.d.*		- 0,2 %		+ 4,4 %		+ 2,4 %	n.d.

Sources : DGFiP (SRE), CDC (CNRACL, FSPOEIE).

Champ : Nombre d'ayants droit (pension de droit direct) et d'ayants cause (pension de réversion) au 31décembre de l'année.

FPE : bénéficiaires d'une pension de retraite civile ou militaire (y compris soldes de réserve) ou d'une allocation temporaire d'invalidité (ATI) ;

CNRACL : bénéficiaire d'une pension du régime de retraite des fonctions publiques territoriale et hospitalière.

(*) Pour le régime des ouvriers d'État, ici assimilé à un régime de la fonction publique : pensions définitives uniquement.

Nombre de pensionnés des régimes de retraite de la fonction publique de 1990 à 2017

Document extrait du Rapport sur les retraites dans la fonction publique, 2018 (Annexe au projet de loi de finances pour 2019, p. 114)

L'âge moyen à la radiation des cadres dans les trois fonctions publiques augmente de 3 mois entre 2016 et 2017.

Âge moyen de départ en retraite en 2016 et 2017

		Fonctionnaires de l'État	Fonctionnaires de l'État hors France Télécom et la Poste	Militaires	Fonctionnaires territoriaux	Fonctionnaires hospitaliers	Ouvriers d'État
2016	Âge à la radiation des cadres	61 ans et 0 mois	61 ans et 2 mois	45 ans et 6 mois	61 ans et 1 mois	59 ans et 6 mois	58 ans et 8 mois
	Âge à la liquidation	61 ans et 2 mois	61 ans et 4 mois	45 ans et 7 mois	61 ans et 2 mois	59 ans et 7 mois	60 ans et 1 mois
2017	Âge à la radiation des cadres	61 ans et 2 mois	61 ans et 4 mois	45 ans et 6 mois	61 ans et 4 mois	59 ans et 8 mois	58 ans et 7 mois
	Âge à la liquidation	61 ans et 4 mois	61 ans et 6 mois	45 ans et 7 mois	61 ans et 5 mois	59 ans et 10 mois	60 ans et 3 mois

Source : DGFiP (Service des retraites de l'État) et Caisse des dépôts et consignations.
Champ : Pensions de retraite d'ayants droit entrées en paiement en 2016 et 2017, y compris soldes de réserve pour les militaires, y compris départs anticipés pour carrières longues, invalidité, handicap et motifs familiaux.

Document extrait du Rapport sur les retraites dans la fonction publique, 2018
(Annexe au projet de loi de finances pour 2019, p. 120)

En 2017, l'âge moyen de départ dans les trois fonctions publiques avait augmenté de 3 mois. En moyenne, un fonctionnaire d'État partait en retraite à 61 ans et 4 mois, un fonctionnaire des collectivités à 61 ans et 5 mois et un hospitalier à 59 ans et 10 mois. Le poids des différentes réformes a réduit les écarts entre le secteur privé et la fonction publique. Avec la réforme de 2003, les paramètres de valorisation et de calcul des pensions de base des fonctionnaires et des ouvriers d'État se sont rapprochés de ceux des salariés du privé. Les pensions sont revalorisées en fonction de l'inflation et non sur la base de l'évolution des salaires. Un système de décote et de surcote comparable à celui du privé existe depuis 2015.

Âge moyen de départ

Surveillant pénitentiaire	56,2 ans
Police nationale	56,7 ans
Aide-soignant	58,3 ans
Sapeur-pompier	58,3 ans
Douanier	59,7 ans
Agent de l'État (TP)	60,5 ans

Source : P. Perri, d'après les données du COR.

Bref, les lignes tendent à se rapprocher, mais si les avantages des fonctionnaires sont moins nets que par le passé, ils existent encore. Non seulement l'État est un patron plus généreux en termes de cotisations, comme nous allons le voir ; non seulement les fonctionnaires perçoivent une retraite plus généreuse, mais, au surplus, ils la prennent plus tôt, comme le montre le tableau ci-dessous extrait du PLF 2019 (projet de loi de finance).

Ce tableau est une synthèse, l'expression d'une moyenne. Certains métiers, très exposés, classés dans la catégorie superactive, bénéficient de droits anticipés, et nul ne contestera la légitimité de ces droits. Il reste qu'ils sont calculés sur une assiette plus large. Dans le système actuel, explique François Charpentier, expert des retraites, « les primes sont intégralement prises en compte au même titre que les salaires pour la police et les gardiens de prison. Pour les autres catégories, la réforme des retraites de 2003 a infléchi les règles. Les primes sont prises en compte dans la limite de 20 % du traitement indiciaire[1] ». Dans le futur régime universel, les primes seront intégralement prises en compte dans le calcul de la pension de retraite. Ainsi, précise François Charpentier, « le régime additionnel de la fonction publique, mis en place en 2004 et géré par une filiale de la Caisse des dépôts et consignation, peut disparaître. Ses réserves, d'une trentaine de milliards d'euros, pourraient être dédiées au traitement de la dépendance et du grand âge. »

Sur cette question des régimes spéciaux, on peine cependant à saisir la ligne de la majorité. À l'Assemblée nationale, la députée LREM Corinne Vignon, présidente du groupe transpartisan sur la réforme, déclare : « Les Français veulent de l'équité ? Avec la réforme des retraites, nous allons leur en donner, puisque les régimes spéciaux sont appelés à disparaître. » Le 27 février 2019, devant un groupe de journalistes, Jean-Paul Delevoye défend un avis totalement inverse : « Il est hors de question de dire qu'on supprime les régimes spéciaux. » Dans un entretien à plusieurs titres de la presse régionale, fin 2018, il avait déjà assuré vouloir « respecter le caractère identitaire de certains régimes de retraite ».

1. François Charpentier, *Les Retraites complémentaires Agirc-Arrco*, *op. cit.*

Comparaison de l'âge de départ en retraite public – privé

Année	Public = FPE civile (*)	Privé (**)	Écart
1990	57 ans 5 mois	62 ans et 0 mois	4 ans et 7 mois
1995	57 ans 9 mois	61 ans et 7 mois	3 ans et 10 mois
2000	57 ans 8 mois	61 ans et 8 mois	4 ans
2005	57 ans 8 mois	61 ans et 0 mois	3 ans et 4 mois
2010	59 ans et 4 mois	61 ans et 7 mois	2 ans et 3 mois
2011	58 ans et 4 mois	61 ans et 6 mois	3 ans et 2 mois
2012	60 ans et 5 mois	62 ans et 0 mois	1 an et 7 mois
2013	60 ans et 7 mois	62 ans et 1 mois	1 an et 6 mois
2014	60 ans et 10 mois	62 ans et 4 mois	1 an et 6 mois
2015	61 ans et 1 mois	62 ans et 5 mois	1 an et 4 mois
2016	61 ans et 2 mois	62 ans et 5 mois	1 an et 3 mois
2017	61 ans et 4 mois	62 ans et 6 mois	1 an et 2 mois

(*) Âge moyen de liquidation des fonctionnaires civils de l'État, catégories actives et sédentaires confondues. L'année 2011 présente une baisse exceptionnelle de l'âge de départ en retraite en raison de la mise en extinction du dispositif de départ anticipé pour les parents de 3 enfants, qui a provoqué 16 098 départs anticipés à ce titre.

(**) Âge moyen de liquidation au régime général.

Source : Base des pensions du Service des retraites de l'État, données Cnav.

Champ : Pensions de retraite civiles d'ayants-droit entrées en paiement l'année considérée.

Difficile de s'y retrouver dans le prêchi-prêcha officiel, si ce n'est pour conclure logiquement que le risque est celui d'une réforme des régimes spéciaux en trompe-l'œil, à l'exception de quelques ajustements supplémentaires. Le haut-commissaire a d'ailleurs lancé des ballons d'essai en introduisant dans les documents remis aux partenaires sociaux des questions comme celle-ci : « Quels critères spécifiques à la fonction publique ou aux régimes spéciaux seraient de nature à justifier des départs anticipés ? » On pense spontanément aux régimes spéciaux de la SNCF, de la RATP ou de l'EDF, des bastions de contestation syndicale susceptibles de nourrir le mouvement social des Gilets jaunes, toujours vivace au printemps 2019. Il y a pourtant du grain à moudre dans ces régimes, très avantageux et jamais réformés. Les âges moyens de départ en retraite y sont les suivants :

SNCF (2019)	
Roulant	53,3 ans
Sédentaire	57,8 ans
RATP (2019)	
Roulant (travail souterrain)	52 ans
Travail en atelier	57 ans
Industries électriques et gazières (2019)	58 ans

Dès lors, comment faire converger des régimes aussi différents que ceux présentés dans le tableau qui suit ? Retenons qu'entre un roulant de la SNCF et un professionnel libéral, l'écart d'âge de départ en retraite, non pas aujourd'hui, mais en 2040, sera de 10 ans. Les prévisions du COR pourraient être infléchies, mais on voit mal comment, avec des activités très différentes, des taux de cotisation différents, un engagement des employeurs lui aussi différent, on pourra aboutir à une situation moins inégalitaire, ou à défaut plus équitable, dans une vingtaine d'années (pour peu que la variable de la croissance soit correctement évaluée).

COR (Prévisions 2040)

Départ moyen toutes catégories	64 ans
Sédentaire de la SNCF	62 ans
Roulant de la SNCF	57 ans
Profession libérale	67 ans

Document extrait du Rapport sur les retraites dans la fonction publique, 2018 (Annexe au projet de loi de finances pour 2019, p. 120)

Quelques ajustements, mais rien de bien sérieux

Dans le régime général, le nombre de cotisants par salarié est de 1,24 et il est jugé insuffisant ! À la RATP il est de 0,85 et à la SNCF… de 0,66 (sources SNCF et RATP). On comprend que l'équation soit impossible. Ce qui n'est pas payé par les uns est financé par les autres. Sur les plus de 13 milliards d'euros que les institutions publiques versent à la SNCF chaque année, plus de 3 financent le déficit du régime spécial des retraites des cheminots. Jusqu'en 2016, les conducteurs de trains pouvaient s'arrêter de travailler à 50 ans et les autres à 55 ans. C'était à l'époque 7 années de moins que la moyenne nationale. Avec la réforme Sarkozy, les âges de départ sont passés à 52 et 57 ans. À la RATP, le même Nicolas Sarkozy avait fait voter un allongement progressif du départ en retraite, mais les mesures compensatoires sur les salaires n'avaient pas permis de rééquilibrer le régime spécial de la RATP. Pendant longtemps, l'État s'est contenté de mesures d'ajustement et de réformettes. Il n'est jamais parvenu à corriger cette inégalité flagrante qui frappe les salariés du pays de l'égalitarisme forcené ; une inégalité d'autant plus inacceptable qu'elle est le produit d'un modèle pensé et voulu et non le résultat du hasard. La France a organisé un traitement de faveur pour certains de ses enfants et il est financé par tous les autres.

Le maquis des régimes spéciaux

La majorité des régimes spéciaux est antérieure à la création de la Sécurité sociale. Ils ont été maintenus, mais leur survie est avant tout une affaire de choix politiques. En 1946, au moment où les équilibres politiques du pays reposaient sur l'alliance entre le général de Gaulle et le parti communiste, le gouvernement français assure leur maintien par un décret du 8 juin. Aujourd'hui ce sont les articles L 711-1 et R 711-1 du Code de la Sécurité sociale qui encadrent leur existence. On peut distinguer trois familles de régimes spéciaux :

– le régime de la fonction publique ;

– le régime des entreprises et établissements publics ;

– les autres régimes divers, plus faibles en volume et structurés autour d'une base professionnelle (clercs de notaires, mines, cultes) ou associés à une entreprise identifiée (Opéra de Paris, Comédie-Française, CCI de Paris, Port autonome de Bordeaux).

Ce qui frappe, c'est souvent la complexité du fonctionnement de ces régimes. D'une part, ils sont assez différents les uns des autres, d'autre part les modèles de prise en charge sont complexes et éclatés. Selon les risques assurés comme la maladie, la famille ou la retraite, les prises en charge sont assurées soit par les employeurs, soit par des caisses *ad hoc,* soit encore par le régime général. C'est en observant les particularités de ces régimes qu'on peut légitimement douter de la capacité du gouvernement à les unifier. Comment traiter de la même façon des populations très restreintes engagées dans des fonctions artistiques et les quelque 140 000 cheminots de la

SNCF ? Le régime par points fera des gagnants et des perdants mais il doit tenir compte de ceux qui auront le plus à perdre.

Les agents publics sont affiliés aux régimes suivants :

a) Le régime des fonctionnaires civils et des militaires de l'État (régime de la FPE), porté par le budget de l'État et géré par le Service de retraite d'État (SRE), compte 2,0 millions d'agents cotisants et 2,4 millions de pensionnés au 31 décembre 2017 ; il a versé 52,1 Mds € de pensions de retraite et d'invalidité en 2017.
b) Le régime des agents des fonctions publiques territoriale et hospitalière, ou régime de la Caisse nationale de retraites des agents des collectivités locales (CNRACL), compte 2,2 millions de titulaires cotisants et 1,3 million de pensionnés au 31 décembre 2017 ; la CNRACL a versé 18,9 Mds € de pensions au titre des branches vieillesse et invalidité en 2017.
c) Le régime des ouvriers d'État (géré par le FSPOEIE) compte 30 000 cotisants et 100 000 pensionnés au 31 décembre 2017, pour 1,8 Md € de prestations versées en 2017.
d) Le million d'agents contractuels de la fonction publique (effectif au 31 décembre 2016) est affilié : à la branche vieillesse du régime général, gérée par la Cnav (Caisse nationale d'assurance vieillesse), pour la partie retraite de base, et au régime de l'Institution de retraite complémentaire des agents non titulaires de l'État et des collectivités publiques (Ircantec), pour la partie retraite complémentaire. Concernant l'Ircantec, ce régime a versé 2,9 Mds € de pensions en 2017 à ses 2,1 millions de pensionnés.
e) Le régime de retraite additionnel de la fonction publique (RAFP) a versé 0,4 Md € de prestations en 2017 aux titulaires retraités des trois fonctions publiques (fonctions publiques de l'État, territoriale et hospitalière), sous la forme d'une rente mensuelle ou bien d'un versement unique en capital. Les trois régimes de retraite, dits « complets » ou « intégrés » de la fonction publique (régimes des fonctionnaires civils et des militaires de l'État, des agents des fonctions publiques territoriale et hospitalière et des ouvriers d'État) représentent 32,3 % des dépenses de l'ensemble des régimes de base, environ 14,6 % du nombre de pensions servies et 16,1 % de l'ensemble des cotisants.

Aux côtés de ces « grands » régimes de retraites, on trouve aussi des régimes sociaux plus étroits, parfois même anecdotiques. Lisons cet extrait du bilan des relations sociales associé au projet de loi de finances pour 2018. « La subvention à la Caisse de retraite du personnel de la Comédie-Française, relevant également de ce même programme 131 » y est comptabilisée pour un montant de 3 millions d'euros en 2018. Dans le cas des gaziers et électriciens, « la prise en charge des pensions servies pour le compte de l'État par la Caisse nationale des industries électriques et gazières (Cnieg) aux agents français des établissements publics, offices et sociétés concessionnaires de l'électricité et du gaz d'Algérie, du Maroc et de Tunisie, inscrite au programme 174 « Énergie et après-mines » de la mission « Écologie, développement et aménagement durables » est d'un montant de 8 millions d'euros. Au passage, il faut rappeler que le régime spécial des gaziers et électriciens est équilibré grâce à un prélèvement sur les factures d'énergie de la contribution tarifaire d'acheminement (CTA) pour un montant de 1,5 milliard d'euros en 2018 (+ 4,9 % par rapport à 2017).

Le tableau synthétique qui suit, extrait du projet de loi de finances 2019, donne une petite idée du ratio cotisants/pensionnés. Il s'agit d'une approche quantitative, mais elle offre une perspective sur le rapport démographique. Le régime spécial des mineurs exprime par exemple un rapport de 1 à 100 entre le nombre de mineurs encore en activité et les retraités du secteur. Les activités minières s'éteignent peu à peu. Un tel régime spécial, héritage du XXe siècle, est voué à disparaître. Pour la cohorte des fonctionnaires civils et militaires de l'État, la plus importante en quantité, le rapport est également déséquilibré. Le déséquilibre est encore plus net dans la famille des cheminots : 152 678 actifs pour 270 433 retraités ou ayants-droits.

Les régimes spéciaux
Rapport cotisants/pensionnés (2018)

Effectifs des régimes spéciaux de retraite	Nombre de cotisants	Nombre de pensionnés
Fonctionnaires de l'État et militaires (SRE)	2 058 000	2 355 000
Fonctionnaires territoriaux et hospitaliers (CNRACL)	2 223 000	1 155 000
Ouvriers de l'État (FSPOEIE)	35 772	103 682
SNCF (CPRP-SNCF)	152 678	270 433
IEG (CNI Électricité et Gaz)	146 103	164 895
RATP (CRP-RATP)	42 483	44 316
Clercs et employés de notaires (CRPCEN)	47 618	73 090
Marins (ENIM)	20 045	117 830
Banque de France	12 029	14 891
Mines (CANSSM)	3 401	303 970
Opéra national de Paris (CROP)	1 825	1 999
Comédie-Française (CRPCF)	350	401

Depuis 1945, le nombre de régimes spéciaux a été considérablement réduit. Ils étaient plus d'une centaine au moment de la création de la Sécurité sociale. Les évolutions sociales, technologiques et économiques ont provoqué des transformations importantes des secteurs économiques. Ainsi, le salariat a connu un essor sans précédent après-guerre, jusqu'à devenir largement majoritaire face aux professions indépendantes ou aux agriculteurs. Par ailleurs, certains secteurs industriels comme les mines ou la marine fluviale ont fortement décliné, ce qui a interrompu ou réduit considérablement l'arrivée d'actifs et donc de ressources pour ces régimes. La dégradation du ratio entre le nombre de cotisants et celui des bénéficiaires pose à plus ou moins brève échéance le problème de la viabilité même de ces régimes[1].

La République est bonne mère

Prenons acte de la convergence public-privé sur l'âge de départ en retraite. Nul ne contestera que des efforts aient été entrepris dans ce domaine. Mais les écarts restent significatifs, comme le montre le tableau ci-après.

	Répartition des nouveaux retraités de 2015 selon leur âge au 31 décembre (en %)				
	Salariés	Fonction publique d'État civile	Fonctionnaires territoriaux et hospitaliers	SNCF	RATP
56 ans et moins	/	5,3	3,1	42,4	68,6
57 à 59 ans	1	12,6	13,2	51,3	18,2
60 ans	19,9	12,6	21,6	3,4	5,4
61 ans	20,9	21,3	25	1,5	2,4
62 à 64 ans	31,3	32,6	26,2	1,1	3,8
65 ans et plus	26,7	15,7	11	0,3	1,4

Source : EACR, EIR, modèle ancêtre de la Drees

1. *Source :* site previssima.

Les fonctionnaires et agents des entreprises publiques partent en retraite bien avant 60 ans pour une part importante d'entre eux, surtout quand on compare aux salariés du privé. Par ailleurs, l'État est un employeur modèle pour ses agents. Pour les fonctionnaires, la retraite est portée par une ligne budgétaire. Autrement dit, le règlement des pensions des fonctionnaires est fiscalisé. Nous sommes sortis de la logique des cotisations sociales pour entrer dans l'univers fiscal. L'impôt des Français paye les retraites de la fonction publique. On parle ici de *taux implicite de cotisation de l'État employeur*. De quoi s'agit-il ? Un rapide examen des flux de sortie (le paiement des pensions) et d'entrée (la valeur des cotisations de l'État employeur et des fonctionnaires employés) permet de comprendre l'idée essentielle du taux implicite. Le taux dit implicite, c'est-à-dire celui finalement payé par l'État, est de 48,78 %. Le solde entre les entrées et les sorties est déséquilibré. Les ressources des cotisations ne payent pas les retraites. L'État abonde la différence. Ainsi, le taux implicite est calculé *ex post*, c'est lui qui équilibre les charges et les ressources des pensions d'État, pour reprendre la formule du Conseil d'orientation des retraites. Le taux implicite inclut ce qu'on appellerait ailleurs une subvention d'équilibre.

Mieux que les fonctionnaires, les salariés d'EDF…

Tous les privilèges n'ont pas été abolis. Dans son rapport annuel publié début 2019, la Cour des comptes étrille les avantages exorbitants (et cette fois le mot n'est pas exagéré) des salariés de l'ancien monopole EDF. La concurrence dans le domaine de l'énergie est purement théorique. Tout a été fait pour la limiter, y compris les stratégies d'intimidation menées auprès des

consommateurs : « Si vous nous quittez, vous perdrez l'avantage des tarifs réglementés et vous ne pourrez pas revenir en arrière... »
Autant d'affirmations mensongères. Certes, EDF perd des parts de marché mais conserve une part importante de la clientèle des particuliers. Alors, pourquoi un tel chantage ? Les 60 000 salariés d'EDF bénéficient d'un confort social inégalé en France et ils travaillent dans un secteur stratégique. Un lock-out sur l'énergie et c'est tout le pays qui s'arrête. Les gouvernements n'ont jamais voulu jouer avec le feu. La bonne fortune des agents EDF s'est construite sur un mode itératif, par agrégation des avantages. Leurs rémunérations complémentaires ont augmenté de 30 % entre 2012 et 2018, le salaire moyen dans l'entreprise est de 5 000 € brut, les agents d'EDF ne payent pratiquement pas leur électricité (pour un coût scandaleusement élevé de 300 millions d'euros/an pour l'entreprise), enfin, et c'est là notre sujet, leur régime de retraite est financé par un prélèvement de 2 % sur toutes les factures d'électricité.

Ce système « historique » a été et reste contesté. François Charpentier, expert de la protection sociale, rappelle que la demande d'une caisse spécifique réservée aux fonctionnaires est ancienne. L'enjeu serait d'identifier précisément la contribution personnelle des fonctionnaires à leur propre système de retraite.

Contribution employeurs	Taux 2019	Taux 2018
À la charge de l'État pour les fonctionnaires civils de l'État.	74,28 %	74,28 %
À la charge de l'État pour les personnels militaires.	126,07 %	126,07 %
À la charge des collectivités, organismes, offices ou établissements de l'État, au titre des fonctionnaires civils de l'État et des militaires qu'ils emploient en propre ou par voie de détachement.	74,28 %	74,28 %
Au titre de financement des allocations temporaires d'invalidité.	0,32 %	0,32 %

Organismes	Programmes	Exécution 2016	LFI 2017	PLF 2018
Mission Régimes sociaux et de retraite		**6 322**	**6 308**	**6 334**
Régime de retraites de la SEITA		163	158	153
Caisse autonome nationale de sécurité sociale dans les mines (CANSSM)	195 - Régimes de retraite des mines, de la SEITA et divers	1 264	1 216	1 177
Caisse de retraites des régies ferroviaires d'outre-mer		2	2	2
Régime de retraite de l'ORTF		0	0	0
Régime complémentaire obligatoire (RCO) des exploitants agricoles		–	55	55
Établissement national des invalides de la marine (ENIM)	197 - Régime de retraite et de sécurité sociale des marins	825	828	824
Garantie des retraites des anciens agents d'Afrique du Nord : SNCF / RATP		34	34	30
Charges de retraite de la SNCF	198 - Régimes sociaux et de retraite des transports terrestres	3 266	3 253	3 283
Charges de retraite de la RATP		637	681	709
Participation de l'État au financement du CFA des conducteurs routiers (AGECFA - FONGECFA)		129	79	97
Remboursement des pensions de retraites à la CARCEPT		2	2	2
Mission Écologie, développement et aménagement durables		**10**	**9**	**8**
Caisse nationale des industries électriques et gazières (CNIEG)	174 - Énergie et après-mines	10	9	8
Mission Santé		**33**	**32**	**34**
Agence de santé de Wallis et Futuna	204 - Prévention, sécurité sanitaire et offre de soins	33	32	34
Mission Culture		**17**	**18**	**17**
Opéra de Paris	131 - Création	14	14	14
Comédie française		3	3	3
Total		**6 383**	**6 367**	**6 394**

À ce stade, le modèle est très opaque. Théoriquement, l'État paye les trois quarts de la contribution employeur-employé dans le cas de ses agents. Pour les militaires, dont l'activité est spécifique, la contribution de l'employeur est encore plus élevée. Elle est justifiée dans la mesure où notre sécurité nationale n'est pas une marchandise.

Le régime à part des médecins libéraux

La situation des médecins libéraux (ou médecins de ville) attire l'attention. Ils ont eu droit à un traitement à part dans le cadre des travaux du comité Delevoye, qui les a reçus au même titre que les dentistes et les pharmaciens. Leur régime est un régime spécial.

Une fraction des honoraires payés par les patients finance un régime de retraite excédentaire qui n'a jamais fait appel aux deniers publics, comme le dit le président de la Caisse de retraites des médecins libéraux, Thierry Lardenois[1] !

La formule ne manque pas de piquant dans la mesure où la médecine libérale est en réalité financée par l'argent public. Exercice libéral, argent public, les deux concepts ne font pas bon ménage ! Et pourtant on les mélange très souvent, en oubliant au passage que la santé n'est pas une marchandise ! Quoi qu'il en soit, les médecins cotisent à un régime par points. Ils sont 123 000 en France. Le niveau de leur cotisation annuelle est indexé sur le chiffre d'affaires du cabinet (les revenus non salariaux du médecin). Ils bénéficient de trois régimes par points : de base, complémentaire et retraite supplémentaire.

1. Entretien pour le magazine *Capital*, 31 octobre 2018.

En France, les médecins libéraux prennent leur retraite en moyenne à 65,5 ans et la pension de retraite médiane est de 32 000 € net par an (la médiane coupe en deux parts égales l'ensemble observé) pour un revenu moyen d'activité de 90 000 € net fin 2017. La CnavPL (Caisse nationale d'assurance vieillesse des professions libérales) distribue le régime de base pour 21 % du revenu de remplacement, la CARMF (Caisse autonome de retraite des médecins de France), 44 % pour la retraite complémentaire et 35 % pour ce qu'il est convenu d'appeler la retraite supplémentaire. Les médecins connaissent la mécanique des régimes par points. Leurs organisations représentatives, dont la caisse de retraite de la profession, regrettent que l'assiette de cotisation retenue représente trois plafonds de la Sécurité sociale, soit la somme de 9 933 € brut.

L'argument des médecins libéraux n'est pas dénué de sens. En prenant large, la réforme se donne les moyens d'agréger des régimes aux santés économiques variables. Comme nous l'avons expliqué, les pensions des fonctionnaires sont portées par une ligne budgétaire. Dans leur cas, c'est l'impôt qui s'en charge, mais dans des conditions d'opacité sur la contribution réelle de l'employeur. Qu'en sera-t-il demain, quand il faudra partager les pertes et les profits ? Avec la réforme, les dettes des uns et les excédents des autres seront consolidés dans un régime universel, une sorte de grande marmite des revenus de remplacement. À défaut, il n'y aura pas de réforme. L'argent des régimes excédentaires sera ainsi utilisé pour boucher les trous et, de ce point de vue, l'enveloppe des 7 milliards logée dans les comptes du régime de retraite des médecins libéraux peut faire rêver…

Économiste de la santé, proche des organisations professionnelles des médecins libéraux, Frédéric Bizard fait part de ses réserves : « Défavorable pour les bas revenus et les carrières spécifiques comme celles des médecins, cette réforme [la réforme Macron, NDLA] semble inacceptable en l'état pour les médecins libéraux, entre autres[1]. » Frédéric Bizard fait observer que la réforme vise à l'instauration d'un régime étatique de retraite. Techniquement, son point de vue est tout à fait fondé. Un plafond élevé de cotisation au régime universel priverait les organismes complémentaires de grain à moudre. « Ce régime universel à "niveau élevé de revenus" capterait 96 % de la masse salariale des salariés, près de 100 % de celle de la fonction publique et plus de 80 % de celle des professions libérales. Le reste de la masse assurable sera trop faible pour tout régime complémentaire », écrit Frédéric Bizard, ajoutant que, sur un terrain plus politique, « le modèle social sera d'autant plus affaibli que le régime unique étatique que prépare le gouvernement supprime de fait toute gouvernance démocratique gérée par les forces sociales du pays. Plutôt que de définir la stratégie et la vision long terme, de réguler la politique d'assurance sociale, l'État se transforme en opérateur unique et seul décideur de la gestion opérationnelle. À l'ère du numérique, de l'aspiration démocratique des peuples et de la perte de crédibilité du personnel politique, cette orientation est juste à contre-courant de l'Histoire et vouée à l'échec. »

Il reste qu'une ombre plane sur le dossier des retraites des médecins : celle des pratiques clientélistes de

1. Le Cercle/*Les Échos*, 8 février 2019.

la retraite surcomplémentaire, l'ASV. Cette allocation supplémentaire de vieillesse a pu représenter jusqu'à 40 % des pensions des médecins. L'objectif de ce service, créé en 1960, était de soutenir le conventionnement des médecins en leur obtenant un revenu différé plus confortable en contrepartie de la modération des tarifs. La promesse était de maîtriser les dépenses de santé et de récompenser les médecins qui jouaient le jeu. Les premières années de l'ASV ont été prometteuses ; toutefois, rapidement, des points gratuits ont été distribués, sur des bases peu économiques mais très politiques. Le clientélisme (y compris syndical) a perverti le modèle de départ. Une cure de rigueur économique a dû être imposée à l'ASV pour la sauver de la faillite. Les cotisations payées par les médecins ont été majorées et les prestations distribuées ont baissé de 10 % depuis 2012. Prenons acte que les médecins ont fait des efforts pour sauver l'édifice. Si l'on ajoute la hausse de la pression fiscale, ils ont perdu du pouvoir d'achat, comme beaucoup d'autres Français. Le régime des médecins libéraux représente une expérience de laboratoire utile pour apprécier le fonctionnement d'un régime par points. Les trois régimes des médecins fonctionnent sur la base d'un pilotage régulé. Un système de surcote est appliqué dans le cas où les cotisants acceptent de poursuivre l'activité, y compris jusqu'à l'âge de 70 ans.

La flexibilité aura été un facteur de soutenabilité du modèle par points. Tous les Français sont-ils prêts à accepter les logiques d'un modèle flexible et exigeant ? Les organisations professionnelles des médecins libéraux ne se font pas d'illusion et dénoncent une supercherie. Les jeunes médecins affichent aujourd'hui une préférence forte pour la médecine salariée, permettant de mieux concilier vie professionnelle et familiale (plus de la moitié des nouveaux généralistes sont des femmes) et, pour un exercice collectif qui les préserve mieux contre les risques d'erreurs médicales et leurs conséquences. « Quel avenir dans ces conditions pour des caisses de non-libéraux ? », se demande François Charpentier.

Le casse-tête des professions libérales

Les retraites des professions libérales dépendent de régimes spéciaux : notaires, médecins, pharmaciens[1]... Mais, à l'inverse des régimes de fonctionnaires dans lesquels l'État abonde le service des pensions par l'impôt, ils se financent eux-mêmes et sont excédentaires. Par définition, le libéral est son propre employeur. Michel Chassang, le président de l'Union nationale des professions libérales, négociateur auprès de l'équipe Delevoye, rappelle une règle simple : « Nous sommes des libéraux et, à ce titre, nous revendiquons le droit de faire des choix. »

Les régimes des libéraux sont déjà à points, ils ont fait la démonstration de leur efficacité et s'adossent à des réserves de l'ordre de 22 milliards d'euros. « C'est un des sujets de contentieux avec le gouvernement, raconte Michel Chassang. Nos réserves nous appartiennent, nous avons été prévoyants, bons gestionnaires, et ces réserves ont été réalisées pour faire face à un éventuel

1. Les professions libérales représentent 11 des 42 régimes spéciaux de retraite.

choc démographique. » Les réserves des régimes spéciaux bénéficiaires font rêver les mauvais élèves de la retraite. « L'équipe Delevoye nous dit qu'il n'est pas question d'y toucher, ironise Michel Chassang, mais aucune garantie n'a été donnée. »

Toutefois, la principale pierre d'achoppement porte sur l'architecture de la réforme. Le projet du gouvernement est d'inclure tous les dispositifs actuels de retraite sous un plafond de 120 000 € par an. Jusqu'à cette hauteur, tous les revenus, quelle que soit leur origine, seraient soumis à une cotisation obligatoire de caractère universel. En ratissant large, la réforme associerait les bons et les mauvais élèves. Les pertes des uns seraient réduites dans une sorte de chambre de compensation par les profits des autres. Inacceptable pour les professions libérales. Un plafond haut de cotisation signerait l'arrêt de mort des régimes complémentaires ou des régimes par capitalisation. La France serait placée sous administration publique pour ses régimes de retraite.

Les libéraux s'en inquiètent. Pour eux, la réforme, c'est-à-dire l'alignement de toutes les cotisations, aurait une conséquence lourde. Les libéraux cotisant seuls et pour eux-mêmes, leurs cotisations passeraient de 24 % pour un plafond de la Sécurité sociale (PASS), soit 3 300 € de revenus à 28 % pour trois plafonds, soit 120 000 € par an. « Nous pourrions accepter de cotiser un peu plus, de 24 à 28 %, mais sur un plafond de la Sécurité sociale. Hors de question de laisser exploser nos cotisations pour financer un régime universel qui nous priverait de notre liberté », dit Michel Chassang. Les libéraux savent prendre des risques, mais ils les prennent pour eux-mêmes. Dans de nombreux cas, ils ont investi dans des locaux professionnels qu'ils conservent et dont la location constitue un revenu complémentaire. Ils ont couvert leurs risques en diversifiant leurs investissements.

Nous vivons cependant en France dans des systèmes bâtis sur la solidarité. Les artisans et les commerçants appartiennent aussi aux professions libérales. Mais la démographie de ces professions est mauvaise, tout comme celle des notaires. Les anciens assurés du RSI, commerçants, artisans et certaines professions libérales, auront tout avantage à rejoindre le régime général qui épongera les dettes consécutives à la « catastrophe industrielle » – le mot est de la Cour des comptes – qu'a été la création du RSI en 2006… Et combien d'autres professions qui sont sur le déclin et en voie de disparition – mineurs, agriculteurs – ont été progressivement absorbées par ce même régime général ? Une évolution logique si l'on veut bien admettre que les enfants ne cotisaient plus dans les régimes de leurs parents…

Le cas des professions libérales interroge la logique intrinsèque d'un régime universel. Peut-on, doit-on placer sous une même ombrelle un fonctionnaire dont le taux de cotisation est faible et un médecin libéral qui est par définition son propre employeur et qui cotise seul pour lui-même ?

Le gouvernement envisage des aménagements. Les caisses des libéraux subsisteraient, sous l'autorité centrale d'un organisme public de gestion dont la gouvernance serait confiée prioritairement à l'État, avec participation *a minima* des partenaires sociaux, pour exécuter les directives d'une feuille de route gouvernementale. Le parlement voterait une enveloppe soumise par l'exécutif, et l'organisme de gestion aurait pour mission de « rester dans l'enveloppe ». Dans cette configuration, vraisemblable, quelle serait l'autonomie des caisses des professions libérales ? Jusqu'où pourraient-elles aller en matière de redistribution ? La situation actuelle des régimes de retraite est d'une telle complexité qu'il sera difficile d'imposer une règle de gestion universelle à tous les régimes.

Le cas épineux des indépendants

Le taux de cotisation des indépendants est inférieur à celui des salariés. Dans le cadre de la réforme Macron à tonalité égalitaire, une première solution consisterait à maintenir à son niveau actuel le volume contributif des indépendants – mais les pensions baisseraient. À la différence de celles des salariés, elles sont calculées sur la base d'un équivalent salaire net et non du brut. L'autre formule consisterait à augmenter les cotisations. Le Conseil d'orientation des retraites a modélisé cette piste. Pour un indépendant à 1,6 Smic, les cotisations augmenteraient de 44 % et passeraient de 6 768 € à 9 779 € par an au titre des régimes de base et complémentaire. À 2,5 Smic, elles passeraient de 10 247 € à 11 956 €, soit une augmentation de 17 % ; et à 3,5 Smic, de 20 %, de 11 850 à 14 168 €. Pour les indépendants dont les revenus sont très faibles, l'effort devrait également porter sur leur niveau de contribution, sans qu'ils ne puissent accéder aux dispositifs d'allègements dégressifs qui, à ce stade, ne bénéficient qu'aux salariés.

8

QUELQUES TENTATIVES DE RÉFORME DES RÉGIMES SPÉCIAUX

La grande grève d'août 1953

On se pince parfois en relisant les livres d'Histoire. Les mêmes causes produisent (souvent) les mêmes effets. Revenons à l'été 1953… C'est le début du mois d'août. Après ses années de guerre, la France respire. Profitant de l'apathie estivale, les députés s'accordent une augmentation substantielle de leurs indemnités. Le gouvernement Laniel mène une politique de rigueur pour lutter contre l'inflation. Il parvient à la limiter, mais son chef de file, autoritaire, est contesté. Ironiquement, le président de la République, Vincent Auriol, s'interroge dans son journal privé : « Laniel est-il inintelligent ou hypocrite ? Ou trop habile ? Je crois plutôt au premier cas » ! Le gouvernement Laniel a pris ses précautions. Il s'est fait voter l'autorisation parlementaire de procéder par décret pendant l'été. Mais les choses ne se passent pas comme prévu.

Michel Pigenet, historien et professeur émérite de l'université Paris-I, écrit : « Les décrets, préparés de longue date, prévoient, en plus des mesures de réduction des crédits civils et de licenciements d'auxiliaires, le recul de l'âge de départ à la retraite des agents des services publics. Sous couvert d'"harmonisation", il est question de rapprocher leurs régimes de celui, moins avantageux, des fonctionnaires, et au sein des premiers, d'aligner les agents "actifs" (facteurs, conducteurs, etc. exerçant une activité reconnue pénible) sur les "sédentaires". Pour certains, la prolongation atteindrait jusqu'à 7 ans[1]. »

Les salariés se mobilisent. Jusqu'à 4 millions de personnes sont en grève en plein mois d'août, en particulier autour du 15 août, quelques jours après la publication des décrets. Les syndicats ont été surpris. Ils ne s'attendaient pas à une réaction aussi rapide et aussi massive de la base. La retraite est une affaire sérieuse. Pour les ouvriers, elle est le « pain sûr » après le « pain dur ». Au fond, la récompense d'une vie professionnelle pénible et le droit de jouir paisiblement de ses vieux jours. L'État ne peut pas manquer à sa parole. Il s'est engagé, ses agents le lui rappellent. Dans les ateliers de la SNCF, sur les voies, dans les trains, mais aussi dans les Postes, le travail peut être pénible.

La « grève de la tristesse » est engagée le 11 août 1953. Les salaires du public sont en avance par rapport à ceux du secteur privé et les médias de l'époque parlent déjà

1. Leyla Dakhli, « Histoire des régimes spéciaux de retraite », compte rendu de la table ronde organisée le 22 novembre 2007 par le Mouvement social (http://mouvement-social.univ-paris1.fr/document.php?id=1060).

des privilèges des agents de la fonction publique ou des entreprises nationales. Nous n'avons décidément rien inventé. Le débat sur les avantages du public est aussi vieux que l'esprit français. Lisons le récit de l'historien : « Le président du Conseil répète à plusieurs reprises, sur les ondes de la radio, qu'il ne cédera pas et ne négociera pas tant que les grévistes n'auront pas repris le travail. Pour l'emporter, les autorités usent très vite de l'arme de la réquisition. Distribués à domicile par les gendarmes, les ordres de réquisition ne sont guère suivis d'effets. Des milliers sont brûlés publiquement, mais la justice frappe une partie des récalcitrants, qui s'exposent par ailleurs à des sanctions disciplinaires. 263 personnes sont condamnées, dont quelques-unes à des peines de prison ferme (jusqu'à 8 jours en métropole, davantage en Algérie). Vers le 11 août, pourtant, l'opinion, un temps surprise, peu concernée en ces jours de congés payés et sans sympathie particulière envers les grévistes, se retourne contre un gouvernement dont l'incompréhensible obstination est jugée responsable de la poursuite du conflit[1]. »

Le mouvement de grève se termine dans la confusion mais les décrets ne seront jamais appliqués. La retraite des cheminots ne sera pas touchée ou retouchée ! Les autorités ont compris, et pour longtemps, que la réforme des régimes spéciaux de retraite est un sujet tabou, une vache sacrée de la République. L'esprit de 1953 survivra bien au-delà de cet été social mouvementé.

1. *Ibid.* Edgar Faure reviendra sur les circonstances de ce mouvement inédit dans ses Mémoires.

Droit dans ses bottes !

Élu le 7 mai 1995 à la présidence de la République, Jacques Chirac nomme Alain Juppé à Matignon. La réforme Balladur de 1993 est encore toute fraîche. Elle s'inspirait des recommandations du *Livre blanc sur les retraites* de Michel Rocard et imposait un peu de réalisme économique. Les années 1980-1990 sont celles de la révolution libérale. Reagan et Thatcher laissent des économies prospères, aux États-Unis et au Royaume-Uni. Mme Thatcher peut prétendre sans se tromper qu'à l'issue de son mandat, son pays compte plus d'entrepreneurs que de syndicalistes. Mais les Français ne sont ni Britanniques, ni Américains ; ils ont été élevés avec l'assurance de protections sociales, avec la certitude de droits éternels.

Chirac, libéral entre 1986 et 1988, puis social-démocrate, ou « rad-soc », pour se faire élire en 1995 contre la « fracture sociale », est un président sans colonne vertébrale idéologique. Il n'est ni décidé, ni courageux. Alain Juppé, qui va s'engager dans un bras de fer avec les agents des services publics et de la SNCF, devrait le savoir. À l'automne, de premiers mouvements sociaux affectent la fonction publique, autour des questions habituelles de pouvoir d'achat et de création d'emplois. Les fonctionnaires français ont toujours préféré raisonner en termes de moyens plutôt que d'efficacité, sans doute pour cacher les défaillances nombreuses des services publics. Le gouvernement d'Alain Juppé vise déjà à amender le modèle social français, menacé d'assèchement financier : déremboursement de certains médicaments, hausse des cotisations maladie des retraités et, au milieu de tout ceci, alignement de la durée de cotisation des salariés des régimes spéciaux de retraite sur le modèle des autres salariés.

Le ton monte assez vite entre le mouvement syndical et le gouvernement. Force ouvrière et la CGT se rejoignent. Marc Blondel et Louis Viannet choisissent de se serrer la main devant les caméras de télévision. La grève des transports va durer plus de trois semaines. Elle désorganise les activités personnelles et professionnelles des Français, en particulier des Parisiens et des Franciliens. Mais, curieusement, la population soutient le mouvement. Juppé, « droit dans ses bottes », ne parvient pas à retourner l'opinion. En 1995, la France n'est pas encore prête à considérer les régimes spéciaux comme « des privilèges », ainsi que le titre pourtant une certaine presse de gauche[1]. Chirac impose à Juppé une volte-face humiliante. Les régimes spéciaux de retraite survivront au XXe siècle.

---

1. Comme *Le Nouvel Observateur* et *Libération,* note Michel Pigenet dans *Retraite, une histoire des régimes spéciaux, op. cit.*

9
LA QUESTION CRUCIALE DES PENSIONS DE RÉVERSION

Qu'est-ce qu'une pension de réversion ? Pourquoi en parle-t-on ? Dans un document de travail publié début 2019, le Conseil d'orientation des retraites s'interroge sur les droits conjugaux dans le futur système universel de retraite. Les pensions de réversion ont été bâties à un moment de notre histoire collective où le mariage était « précoce et durable » et alors que l'homme était le principal pourvoyeur des ressources du couple. Progressivement, et c'est heureux, les femmes ont accédé à des formations qualifiantes et au monde professionnel. Les usages ont changé. Le genre n'a plus été un obstacle infranchissable.

La réversion, un principe désormais contesté

La retraite est un avantage de droit direct qui comporte des droits dérivés pour le conjoint survivant qui, au décès du titulaire, hérite d'une partie des droits acquis par le défunt. La réversion comporte des règles différentes selon qu'il s'agit de la Caisse nationale d'assurance maladie, des droits acquis avec Agirc-Arrco ou toute forme de retraite complémentaire, ou des contrats Madelin, qui couvrent les professions libérales et les entrepreneurs.

Un économiste libéral dirait ici que la réversion, c'est d'abord l'héritage d'une rente ! Un autre, moins libéral, ferait remarquer que la retraite n'est pas ou ne doit pas être une bouée de sauvetage pour les veufs ou le plus souvent les veuves. Il ne revient pas à la retraite acquise par des droits personnels de se substituer à l'État dans sa mission d'assistance sociale. La réversion introduit un principe inégalitaire. Prenez deux personnes qui n'ont pas ou peu travaillé : elles arrivent dans le grand âge. Une était mariée, l'autre célibataire. Si on admet que la retraite est un système contributif, alors l'une de ces deux personnes perçoit un avantage auquel l'autre n'a pas accès.

On nous répondra à juste titre que, dans un couple, le conjoint ou la conjointe « coproduit » la carrière de l'autre, au moins par fourniture de moyens. Dans son rapport annuel sur les retraites publié fin 2018, l'OCDE étrille le principe des pensions de réversion, qui constitueraient une incitation à l'inactivité tant elles offrent des droits généreux pour le survivant. « Telles qu'elles sont conçues, les pensions de réversion impliquent une redistribution par foyers », dit encore le rapport de l'OCDE : les célibataires payent pour la retraite des couples et, à leur tour, les couples bi-actifs subventionnent les mères au foyer.

Dans un pays comme la Suède, un couple où les deux ont travaillé peut décider de percevoir une pension moins élevée, réservant ainsi au survivant une pension plus généreuse. En France, la question posée est plutôt celle du niveau de vie pour le survivant. Comment le maintenir ? Comment éviter le naufrage économique et social pour celui ou celle qui reste ? Quelle que soit la formule retenue, « le deal ne pourra plus être le même » dit un syndicaliste.

Prenons un exemple pour identifier le calcul du niveau de vie. Le point de départ du raisonnement postule qu'un survivant doit pouvoir compter sur 66 % du revenu disponible à deux pour « conserver le même niveau de vie ».

– 1er cas de figure : X a travaillé ; mais pas Y. Y perçoit 66 % de la pension de X décédé.

– 2e cas de figure : les deux ont travaillé. L'objectif étant de maintenir un revenu de 66 % des revenus du couple pour le survivant (Y en l'espèce), Y perçoit environ 33 % de la pension de X[1].

X = 100 %	Y = 0 %	Y = 66 % de X
X = 50 %	Y = 50 %	Y = 33 % de X

Les pensions de réversion avaient du sens dans un monde du travail très masculin. Aujourd'hui, les femmes sont au travail. Elles constituent elles-mêmes leurs droits. Ainsi, le COR planche sur la question de la réversion. Plusieurs pistes de réforme sont imaginées. L'une d'entre elle vise à autoriser le transfert de points entre conjoints. Celui dont les revenus sont les plus élevés pourrait ainsi transférer une partie de ses droits à l'autre. Il y perdrait bien sur une partie de son revenu de remplacement.

1. Au moment où nous écrivons ces lignes, le projet compris dans le document de synthèse du haut-commissaire suggère de garantir 70 % du revenu du couple au conjoint survivant.

En cas de divorce, les deux conjoints conserveraient les droits acquis pendant la période de vie commune. 130 000 divorces sont prononcés chaque année en France. Le XXIe siècle ne ressemble pas au précédent. Or, trop souvent, la réflexion autour des réformes est orientée par les modes de vie et les usages du passé. Nous serions mieux avisés de comprendre le monde d'aujourd'hui avec ses comportements spécifiques pour anticiper les règles de réversion de demain.

Partir plus tard, travailler après la retraite

La loi autorise les retraités à cumuler une pension et un revenu du travail. Elle a même été étendue. Une circulaire de 2017 précise les règles, notamment celle de l'écrêtement de la pension pour les retraités poursuivant une activité professionnelle, y compris chez le même employeur. Cette question est particulièrement d'actualité, d'autant que l'emploi des plus de 65 ans a triplé en 10 ans.

Deux phénomènes apparemment contradictoires sont observés. Depuis 2017, le départ en retraite des fonctionnaires s'accélère. Le rapport 2018 sur les liquidations dans les trois fonctions publiques faisait état de 182 000 départs en 2017, soit environ le double de l'année précédente. L'explication est à rechercher dans les règles de la réforme de 2010. Avec sa mise en œuvre, les départs avaient connu un tassement significatif. Mais cette réforme n'a pas seulement reculé de 2 ans l'âge de départ, elle a aussi aboli les droits au départ anticipé des parents de trois enfants dans la fonction publique.

Le départ en retraite de fonctionnaires peut être perçu comme une bonne nouvelle : la France allège les effectifs pléthoriques de ses administrations. Or, la médaille a son revers. Moins de fonctionnaires et plus de retraités de la fonction publique, cela signifie une base contributive plus faible, et des pensions plus élevées à verser plus longtemps. Le financement par la solidarité permettra d'équilibrer un système très largement déficitaire.

À l'inverse, le gouvernement d'Édouard Philippe cherche des incitations pour retarder les départs en retraite. Un système de surcote est dans les tiroirs, sans décote pour éviter les blocages. Quoi qu'on en dise, l'introduction d'une surcote postule par définition une décote, au moins théorique. Travailler plus longtemps pour améliorer sa pension de retraite : le gouvernement Philippe préfère la carotte au bâton ! Il a raison, d'autant qu'une partie importante de l'opinion semble favorable à un allongement de la durée d'activité, sachant que des dispositifs favorisent les départs anticipés des travailleurs exposés aux contraintes d'une vie professionnelle pénible.

L'Insee propose une vue générale de la société dans son édition 2018, « France, portrait social ». L'institut mesure l'impact des dernières réformes sociales et fiscales sur la situation des différentes catégories de population. « Après le passage à la retraite à 60 ans, l'emploi des plus de 65 ans est reparti à la hausse à partir du milieu des années 2000. En 2017, quelque 3 % des seniors de cette tranche d'âge continuaient à travailler, contre 1,1 % en 2006, soit près de trois fois plus. Cette situation concerne essentiellement les plus jeunes des seniors (6,6 % des 65-69 ans sont en emploi). La grande majorité (70 %) de ces seniors en activité cumulent leur emploi avec une pension de retraite. » Les retraités actifs au-delà de 65 ans sont en général des retraitées (41 %), des employées peu diplômées, à temps partiel, généralement des femmes seules et immigrées. Mais ce sont aussi des urbains, majoritairement masculins, très diplômés et qualifiés (34 %), ou de petits commerçants peu diplômés (18 %), ou des agriculteurs âgés (7 %).

La France selon l'INSEE comptait 13,1 millions de seniors de plus de 65 ans (soit 20 % de la population) au 1er janvier 2019. Un chiffre qui devrait passer à 21,9 millions en 2070 (soit 29 %), si les tendances démographiques se poursuivent, avec un passage à 25 % en 2050.

10

LE TABOU FRANÇAIS DE LA CAPITALISATION

Dans son grand bureau de l'avenue du Maine, à Paris, au siège de Force ouvrière, Philippe Pihet constate que les « droits sont rabotés depuis 25 ans ». Entre 650 000 et 700 000 départs en retraites par an, selon le négociateur de Force ouvrière, mais « les 10 % les plus modestes sont sans emploi au moment de partir en retraite, avec un taux de remplacement entre 73 % et 76 % en fonction du dernier revenu ».

La capitalisation, plus efficace que la répartition ?

Le négociateur de Force ouvrière admet que la répartition repose sur un certain équilibre démographique. On peut contester ses effets en jouant sur le montant des cotisations, sur l'âge de départ ou sur le montant des pensions, mais il existe aussi une autre option, rarement évoquée dans les débats, qui offre pourtant des perspectives favorables. Lisons l'économiste Jean-Marc

Daniel, dans les colonnes du journal *Les Échos* daté du 4 janvier 2019 : « L'État ne garantit plus le plein emploi et les monopoles, par exemple la Sécurité sociale, préservent leurs propres intérêts et résistent à tout changement. Il faut lui substituer un autre modèle, celui de la concurrence avec des assurances privées et des mutuelles s'appuyant sur de nouvelles technologies. Osons l'indicible en France, les fonds de pension seront plus efficaces que les systèmes publics de retraite. »

L'Iref (Institut de recherche économique et fiscal) ne dit pas autre chose et cite une étude d'Olivier Davanne et Thierry Pujol, deux gérants Groupama Risk Premium[1]. « Avec un rendement de 4 %, un actif qui capitaliserait la moitié des sommes aujourd'hui prélevées par la répartition disposerait à terme d'un revenu identique au pensionné de l'assurance vieillesse, soit un rendement doublé par rapport à celui de la répartition. Inversement, le manque à gagner du cotisant en répartition actuel oscillerait entre 40 % et 70 % des prélèvements sociaux selon les rendements retenus. »

Résumons comme le fait l'Iref. Si la capitalisation remplaçait la répartition et que l'on ne touchait pas au montant des cotisations, les pensions pourraient doubler par rapport à la répartition. Si, au contraire, on voulait maintenir les pensions au même niveau qu'en répartition, il ne serait nécessaire de cotiser que de la

1. Olivier Davanne, Thierry Pujol, « Analyse économique de la retraite par répartition », *Revue française d'économie*, vol. 12, n° 1, 1997, p. 33-56 (www.persee.fr/doc/rfeco_0769-0479_1997_num_12_1_1014).

moitié des prélèvements actuels pour la répartition. La seule difficulté de ce système consisterait à passer d'un modèle à l'autre en tenant compte des créances accumulées au profit des cotisants. Plusieurs solutions existent, dont celle d'un financement par l'État, par exemple en cédant ses participations dans des entreprises concurrentielles du marché. Il ne s'agirait pas d'un chèque en blanc ! La contrepartie serait considérable pour le Trésor public. Une réduction de la part des cotisations retraites libérerait du pouvoir d'achat pour les ménages. Plus de consommation ou d'épargne produiraient des rentrées fiscales additionnelles pour l'État et, finalement, les intérêts individuels rencontreraient l'intérêt collectif.

Pragmatique, Nicolas Marques, directeur général de l'Institut économique Molinari, fait observer que, « jusqu'aux années 1970, on pouvait encore prétendre que la répartition était efficace et délivrait autant que la capitalisation[1] ». La démographie s'est renversée et, aujourd'hui, sans qu'on puisse le contester, le modèle français ne permet plus de tenir ses promesses. L'efficacité de la répartition reposait sur une double variable : démographie et croissance. Ni l'une ni l'autre ne sont au rendez-vous.

L'avocat Jean-Philippe Delsol rappelle que « la population des retraités est égale à 23,5 % de la population totale mais pourrait atteindre 28 % en 2035 et 32 % en 2060[2] ». La force de la capitalisation, c'est d'abord

1. Entretien personnel, jeudi 10 janvier 2019.
2. Jean-Philippe Delsol (avocat, président de l'Iref), « La retraite par points ne sauvera pas les retraités », *Les Échos*, jeudi 10 janvier 2019.

la nature des placements et leur diversité. Le risque est divisé quand il n'est pas purement et simplement neutralisé. La répartition n'a été inventée qu'en 1936, dans le cadre du New Deal du président Roosevelt, aux États-Unis. Les caisses par capitalisation, petites ou grandes, existaient en France depuis 1787. On parlait alors, non pas des retraités, mais des « rentiers ». Leur nombre était d'ailleurs élevé. À la Libération, le gouvernement d'union nationale décrète leur privatisation. « Caisses privées, caisses mutualistes, toutes prennent conscience de la menace communiste, rappelle Nicolas Marques. Pour la plupart, elles acceptent de rejoindre le régime général, qui s'empare de leur capital, mais elles passent un accord tacite avec le gouvernement : vous prenez la base et nous nous chargeons de la complémentaire. »

L'État se saisit de la trésorerie, logée à la Caisse des dépôts et consignation, mais l'inflation va rapidement détruire le trésor de guerre. Le CNR (Conseil national de la Résistance) entend socialiser les retraites, il assure que la disparition des caisses privées sera compensée par la montée en puissance de la répartition. La boucle est bouclée. Ce sera vrai jusqu'aux années 1970.

La capitalisation ne serait donc pas une nouveauté en France. Elle a été la règle pendant très longtemps. La guerre puis la Libération vont cependant changer le cours de l'histoire sociale. La droite française sera elle aussi l'héritière de cet idéal égalitaire.

La droite « petit bras »

Henri Sterdyniak rappelle que « même la droite en 2003, avec la réforme Woerth, n'a pas osé la capitalisation[1] ». En 1982, Dominique Strauss-Kahn et Denis Kessler remarquent que notre histoire sociale a conduit la France à privilégier la retraite collective et supposée solidaire. « Les organismes de Sécurité sociale ont pris dans les années 1950, puis 1960, une importance si grande dans le paysage économique français que la quasi-totalité des régimes mis en place durant cette période ont été conduits à adopter eux aussi une mécanique de répartition. La France se retrouve ainsi dans une situation assez particulière par rapport à la RFA [ces lignes sont écrites et publiées en 1982], aux États-Unis et au Royaume-Uni, où il existe de nombreux contrats de retraites par capitalisation, organisés par les entreprises elles-mêmes ou par les sociétés d'assurance. » « Attention, répond François Charpentier, dans tous les pays du monde, y compris aux États-Unis et en Grande-Bretagne, les régimes de base sont en répartition. Aux États-Unis, toutes les tentatives menées contre la Social Security (les régimes de base) se sont heurtées au refus des électeurs, qui considéraient ces régimes comme leur seul filet de sécurité, les outils de capitalisation n'intervenant qu'en supplément de la retraite de base[2]. »

Dans le domaine des retraites, comme dans beaucoup d'autres, la France s'est toujours voulue égalitaire, à ceci

1. Entretien avec l'auteur, 7 janvier 2019. OFCE.
2. Denis Kessler, Dominique Strauss-Kahn, *L'Épargne et la Retraite*, *op. cit.*

près que l'égalité se traduit ici par une règle simple ; les plus riches payent pour tous les autres, et notamment pour les régimes spéciaux, fortement déficitaires. Or, comme le constate avec justesse Laurent Pahpy, auteur de l'Iref, « avec 3 cotisants pour 2 retraités, une espérance de vie à la retraite qui a gagné 5 ans en un quart de siècle, un taux de natalité de 1,8, une quasi-absence de capitalisation, un chômage de masse, des engagements qui dépassent 300 % du PIB et une croissance atone, la soutenabilité de la répartition à la française est sérieusement compromise à moyen terme », et pour maintenir un niveau de vie satisfaisant pour les retraités, d'autres pays que la France ont développé des plans d'épargne permettant aux cotisants de réduire leur dépendance au régime par répartition.

La loi Pacte (2019) propose d'ores et déjà des solutions d'épargne retraite dans des PER (plans d'épargne retraite), assortis de dispositifs fiscaux favorables. Les Français y sont encore peu sensibles. Les Perp et Perco offrent des solutions d'épargne soit sous forme de capital, soit sous forme de rentes. Leurs volumes ont augmenté, mais les Français leur préfèrent massivement une épargne immédiatement disponible et sans risques. Fin 2018, l'Association française de la gestion financière estimait les encours des Perco[1] à 16,6 milliards d'euros, soit un montant ridiculement faible par rapport au volume financier des retraites (325 milliards d'euros).

En France, la répartition assure 77 % des revenus de remplacement. Dans les pays où les plans de retraite privés existent, les retraités dépendent à moins de 50 % de la répartition pour leurs pensions. Un sondage Elabe publié

1. Plan d'épargne pour la retraite collectif.

en janvier 2019 par *Les Échos* démontrait que les Français anticipent des changements avec la réforme : augmentation de l'âge minimum de départ (69 %) ou une baisse des montants versés (58 %), contrebalancés par des avantages comme une plus grande équité du système ou la prise en compte de spécificités. La réforme, dit en substance l'institut économique libéral Molinari, doit permettre d'élargir le débat. « Il ne faut pas que la capitalisation soit réservée aux plus riches, estime Nicolas Marques, son directeur général, il y a de la place pour tout le monde. Pour preuve, l'ERAFP, pudiquement appelé Établissement de retraite additionnelle de la fonction publique, propose des formules de capitalisation pour les fonctionnaires. C'est l'ancien secrétaire général de Force ouvrière, Marc Blondel, qui est à l'origine de ce modèle. Il avait observé que les primes des fonctionnaires ne rentraient pas dans l'assiette de calcul de leur retraite. En 2003, Blondel avait fait voter une loi qui séquestrait une très faible cotisation sur les primes perçues au profit de ce fonds de capitalisation. Il est aujourd'hui abondé à hauteur de 25 milliards d'euros. »

Les seuls « fonds de pension à la française » ont été créés dans la fonction publique : Préfon, mais aussi le Cref pour les enseignants et le Complément des œuvres sociales pour les fonctionnaires hospitaliers. Les syndicats se sont curieusement trouvés parties prenantes dans ces dispositifs. Toutefois, le Cref a fait faillite, le CGOS a dû être profondément réformé et la Préfon n'attire pas les fonctionnaires, du fait de ses rendements très insuffisants par rapport à d'autres produits financiers. Si la capitalisation est moins développée en France qu'ailleurs, c'est aussi parce que le niveau des retraites par répartition est infiniment supérieur…

La vraie opposition n'est pas entre privé et public. Les régimes français sont tous différents les uns des autres et, autant l'admettre, il y a des gagnants et des perdants. Les régimes les plus anciens sont aussi, le plus souvent, les plus confortables. Une fois posé le principe d'égalité des personnes devant la retraite, il restera à décider du modèle économique. Le futur grand débat est là et nulle part ailleurs, pour des raisons économiques. Les Français sont très attachés à un filet de sécurité pour leurs revenus de remplacement. C'est notre histoire et notre culture. En revanche, rien n'interdit d'imaginer un système mixte, avec un pilier de base fondé sur la répartition et un autre sur la capitalisation.

Le meilleur argument en faveur de la capitalisation, c'est son efficacité. Avec notre système par répartition, le taux de remplacement pour 1 % de cotisation est de l'ordre de 2,4 %. Au Danemark et aux Pays-Bas, la capitalisation (deuxième pilier de ces régimes de retraite) permet d'atteindre des rendements entre 4,3 % et 6 %, soit plus du double que notre système par répartition[1]. L'Iref propose d'instaurer un « compte personnel retraite » (CPR) incluant progressivement et prudemment un solide pilier d'épargne fondé sur ce qui a réussi à l'étranger et les dispositifs existants (Perp, Perco, Pere, Madelin, Préfon, RAFP) afin de sécuriser les revenus des retraités tout en épargnant les générations futures[2]. Mais quelles sont ces réussites à l'étranger dont parle l'Iref ?

---

1. *Ibid.*
2. Le compte personnel retraite (CPR) proposé par l'Iref permettrait d'introduire progressivement la capitalisation en permettant aux actifs de remplacer une partie de leurs

D'autres solutions en Europe

La Roumanie a mis en place un second pilier dans son nouveau système de retraite. Après quarante années de glaciation soviétique, le pays est sorti du collectivisme pour entrer progressivement – et parfois péniblement – dans le marché libre, puis dans l'Union européenne. Le salaire minimum roumain est très faible, mais l'économie du pays progresse et dégage désormais une classe moyenne, voire moyenne-supérieure.

Le second pilier de la retraite roumaine est dédié à la capitalisation. Il représente une contribution de 3,75 % du salaire brut. En une dizaine d'années, 7 millions de personnes ont souscrit à ce fonds de capitalisation, qui fin 2017 gérait environ 10 milliards d'euros. Son rendement annuel était de 8,15 %, c'est-à-dire très supérieur à la moyenne de rendement des meilleurs paniers d'actions.

En Asie, une économie comme celle de Singapour propose un modèle original et flexible. La retraite est abondée par des cotisations égales du salarié et de son employeur (20 % du salaire dans les deux cas). Ce volume de 40 % est placé dans des fonds avant la période de retraite. L'encours est géré par le salarié, qui choisit

---

prélèvements pour la retraite en épargne. Cela pose la question du financement des droits acquis. En cas d'épargne, le montant investi n'est plus récupérable par les pensionnés. Il faut donc compenser : augmentation des cotisations, baisse des pensions, rallongement de la durée du travail, financement par l'impôt, par la dette (ce qui revient au même que précédemment), par la planche à billets (aussi une forme d'impôt) ou par la privatisation et la vente d'actifs détenus par l'État. La dernière option est la plus légitime.

les supports d'investissement qui lui paraissent les plus pertinents et les plus adaptés à ses propres ambitions de rendement. Ces supports figurent sur une liste de fonds préconisés par une Autorité de régulation. Il s'agit d'actions dites de « catégorie 1 », c'est-à-dire d'actions solides, dans le but d'éviter les *junk funds* (les « fonds pourris »). Le salarié peut lever l'option de son épargne retraite avant la date prévue pour acquérir un bien immobilier. Singapour est un petit territoire, très militarisé, la question du logement y est préoccupante. On ne peut décemment pas le comparer à la situation française. De surcroît, le contexte démographique y est très particulier.

Synthèse

La plupart des économies développées ont constitué un bloc de retraites en 5 points.

• Un minimum vieillesse qui est le pilier solidaire. Il est versé même à ceux qui n'ont pas cotisé. C'est un pur produit de l'assistance. On sort du modèle assuranciel.

• Un régime de base, public, par répartition : ceux qui travaillent paient pour ceux qui sont à la retraite. C'est le principe de la solidarité intergénérationnelle. Les droits ne sont pas nécessairement proportionnés aux revenus.

• Les retraites complémentaires : elles présentent un caractère obligatoire en France (Agirc-Arrco, Ircantec), où ce pilier fonctionne par répartition. C'est déjà un système par point. Agirc et Arrco ont été gérés par les partenaires sociaux, et plutôt bien gérés.

• Il existe des formules d'épargne retraite volontaire dans de nombreux pays. À l'exception des quelques régimes cités dans cet ouvrage, l'épargne volontaire personnelle et privée est peu abondante en France.

• D'autres moyens d'assurer ou de compléter ses « vieux jours » existent en France, mais ils sont du seul domaine privé. Les actifs les mieux rémunérés y ont recours, mais parfois aussi des familles modestes. L'exemple le plus connu est celui de l'investissement dans la pierre. Le patrimoine immobilier français est majoritairement entre les mains des plus de 60 ans, tout comme l'épargne financière.

*

C'est pourquoi, le niveau moyen de revenu des retraités est en France supérieur au niveau moyen de revenu des actifs. Nous parlons bien de *revenus*, c'est-à-dire de la pension de retraite et de tous les autres revenus (mobiliers et immobiliers). Nous sommes en présence d'une moyenne dans laquelle chacun ne se reconnaîtra pas. Toutefois, si les moyennes ne disent pas tout de tous, elles offrent une vision d'ensemble significative.

Nombre de nos voisins européens ont entrepris des réformes sérieuses de leurs systèmes de retraite. Les Allemands ont relevé la borne de l'âge, tout comme les Espagnols, les Belges et les Luxembourgeois, qui bénéficient pourtant de salaires très élevés. La Suède a choisi le système à points. La réforme a été longuement expliquée, débattue et arbitrée. Elle n'a pas été imposée, elle s'est imposée d'elle-même.

Y a-t-il quelque chose à retenir de la réforme suédoise ? « Dès 1990, rappelle François Charpentier, le gouvernement suédois se rend compte que, pour des raisons liées au vieillissement démographique, le système en répartition sera gravement déséquilibré en… 2021, donc 30 ans plus tard. À cette date, le fonds de réserve (5 années de prestations, ce qui est considérable : la réserve Agirc-Arrco actuelle n'atteint pas une année !), sera épuisé. La réforme systémique, avec les comptes notionnels, entrera en application après plus de 10 ans de débats. »

En 2007, la réforme suédoise mise en œuvre à la veille d'une crise financière lourde qui pénalisera toutes les économies du monde. D'une année sur l'autre, le montant des pensions baisse de 4 %. L'explication est simple : « On est entré dans un système intragénérationnel et sorti du système intergénérationnel, les effets de la crise financière et du ralentissement économique se font donc plus durement sentir pour les nouveaux retraités. » Le gouvernement suédois devra venir au secours de ces « nouveaux retraités » et mettra en œuvre un mécanisme de contribution d'équilibre pour corriger les effets récessifs de la crise sur les pensions de retraite.

En 1996, c'est pour éviter la constitution d'un lourd passif que les Suédois ont choisi de changer de modèle. Ils ont été prévoyants, alors que le danger n'était pas encore imminent. Les peuples d'Europe du Nord ont fait preuve d'un grand courage quand il s'est agi d'amender le modèle défaillant de l'État providence. C'est ce même courage qui a prévalu dans le cadre de la réforme des retraites.

Concernant la méthodologie de la réforme, la Suède, par tradition social-démocrate associe le syndicat dominant et presque unique LO, qui gère seul le fonds d'indemnisation du chômage. Ceux qui ne sont pas affiliés au syndicat ne reçoivent pas d'indemnité chômage en cas d'accident social. C'est aussi ce qui explique le très fort taux de syndicalisation dans ce pays. La réforme y a donné naissance à trois piliers de la retraite : un régime de base, un régime complémentaire et un régime par capitalisation.

Un système généreux mais profondément inégalitaire

La France devrait se désensibiliser du modèle par répartition auquel elle s'est remise intégralement et sans réserve. L'édifice est menacé, tôt ou tard. La vérité est que nous ne serons pas en état de financer les vieux jours des jeunes générations qui arrivent aujourd'hui sur le marché du travail si nous maintenions en l'état le système actuel, qui montre déjà ses limites. Sur les 17 millions de retraités français, 7 millions perçoivent une pension de 1 200 € ou moins. Il s'agit, pour une part importante, des veuves qui touchent une pension de réversion, autour de 50 % de la pension de leur époux défunt. Quand la retraite du titulaire des droits était faible, le survivant perçoit une très faible pension.

Le dossier des retraites est complexe parce qu'il n'est pas homogène. Une vision macroéconomique nous dit que le système français est très généreux – mais cette réalité statistique est vite démentie par un examen minutieux des cohortes de retraités. Le monde du travail est inégalitaire ; celui des retraites l'est aussi, puisqu'il reproduit fidèlement les rapports de contribution des actifs. Le modèle de solidarité est horizontal, certaines catégories payent pour les autres et financent des régimes structurellement déficitaires. La retraite à la française accroît les inégalités de situation pécuniaire, mais la réforme Macron devrait lisser ces inégalités.

Au mois de mars 2019, le chef de file du parti présidentiel, Stanislas Guérini, propose une réindexation des petites retraites sur le cours de l'inflation. Pour les retraites inférieures à 1 200 €, les pensions seraient bonifiées du rythme de l'augmentation des prix ; entre 1 200 et 2 000 €, une réindexation forfaitaire de 0,8 % serait appliquée. Cette mesure coûterait cher, très cher, en fonction du rythme de l'inflation, mais elle répondrait à une demande sociale majeure d'un groupe de Français qui a une propension élevée à participer aux élections !

Taux d'activité : la question cruciale

Par le passé, le système français de retraite a toujours privilégié le départ des actifs dès lors qu'ils avaient atteint le taux plein. Les cotisants ont orienté leurs stratégies personnelles autour de cette borne du taux plein, sans pouvoir garantir l'équilibre financier du modèle. Il est aujourd'hui gravement compromis. On ne dira jamais assez combien nous payons cher la folie de la retraite à 60 ans votée en 1983 par la gauche mitterrandienne. Tous nos voisins européens ont augmenté l'âge légal de départ en retraite ou prévoient de le faire pour financer un modèle qui repose sur la solidarité entre les générations. Il n'existe pas de « cagnotte » secrète des retraites, pas de trésor caché non plus. Les régimes séparés qui ont accumulé des excédents sont plutôt rares, et leur trésor de guerre est menacé par l'évolution démographique.

Quelle que soit la nature du régime de retraite, il ne faut pas attendre de miracle : la démographie (ratio entre les cotisants et les pensionnés) et la croissance (l'accroissement de la richesse disponible) sont les deux variables de nos systèmes. Certains actifs préfèrent travailler au-delà de la borne d'âge pour obtenir un supplément de retraite. Avec le modèle par points, nous serons tous placés face à notre destin.

Arbitrer pour sortir du piège

En France, la base productive est étroite, et elle le sera de plus en plus, sous l'effet d'une population vieillissante… et qui vieillit en plutôt bonne santé. C'est bien la soutenabilité de notre modèle de retraite qui se discute dans l'entourage du haut-commissaire Delevoye depuis 2017. Le débat porté en France par le mouvement des Gilets jaunes a mis à jour le poids des cotisations retraites dans la part des prélèvements obligatoires. Il pose la question de la répartition, modèle solidaire fonctionnant à certaines conditions qui seront de moins en moins réunies. On peut toujours espérer un miracle, mais il est vain de vouloir s'affranchir des lois d'airain de l'économie. Le système français présente un caractère obligatoire. C'est sa force car tous les systèmes solidaires fonctionnent sur la base de l'universalité ; à défaut, ils perdent toute leur pertinence. C'est sa faiblesse car il est insuffisamment financé. Face à l'intertemporalité, l'homme préfère par nature le temps présent au temps différé. Le rapport coût/bénéfice du temps différé n'apparaît pas clairement à ceux qui vivent douloureusement le temps présent. Le piège des retraites se présente ainsi sous la forme d'une équation économique : consommer ou épargner ? Cigale ou fourmi ?

Les Français sont appelés à arbitrer. Nul ne peut le faire à leur place. Le mouvement social de l'hiver 2018-2019 a porté l'idée de référendum. Voilà un vrai sujet, avec une question simple : quelle formule a votre préférence ? une augmentation des cotisations retraites pour accroître votre revenu différé ou une baisse des cotisations retraites associée à une baisse des pensions ? Toutefois, la réponse des Français à cette question ne réglerait pas tous les problèmes. Elle dirait simplement à quel niveau de cotisation et pour quel niveau de revenu ils entendent cotiser.

Resterait la question non moins sérieuse de l'évolution des pensions dans le temps : les indexer sur le niveau des salaires permettrait de maintenir un équilibre financier moins dépendant de la croissance. En revanche, les indexer sur la croissance reviendrait à faire prendre un risque sérieux à l'équilibre financier du système. Dans le prolongement, il conviendrait de réconcilier les retraites indexées sur les salaires et celles qui sont alignées sur l'inflation. Quoi qu'il en soit, quand on égalise des situations différentes, certains y gagnent et d'autres y perdent. Les écarts sont catégoriels (public/privé), les autres générationnels ou attachés au genre.

Rien ne sera plus difficile que la réforme des retraites. C'est un siècle et demi d'histoire et d'habitudes ou de droits acquis qu'il faut réconcilier avec la réalité économique, à un moment où la société française exprime des doutes parfois violents sur son avenir. La réforme des retraites exigerait de la raison économique et du bon sens social : deux qualités qui manquent aujourd'hui au pays des droits sociaux.

Conclusion

Une réforme juste

La réforme des retraites d'Emmanuel Macron est la première vraie réforme de son mandat. La plus importante aussi, dans la mesure où elle va changer un des pans de notre modèle social pour longtemps, qui plus est dans une société appelée à vieillir. Juste à défaut d'être égalitaire, elle prend acte de l'histoire des XIXe et XXe siècles, mais elle cherche surtout à adapter notre modèle de retraite aux usages du XXIe siècle et aux moyens que nous sommes prêts à investir pour financer nos vieux jours.

Comme dans tout changement, on trouve des gagnants et des perdants ; mais il y en avait aussi avant, héritiers d'une époque où les fonctionnaires et les agents des entreprises publiques s'étaient approprié le progrès social en comptant sur la solidarité de la communauté nationale et le silence persistant des élus de la République. La réforme promue par Emmanuel Macron et préparée par Jean-Paul Delevoye conserve la dimension solidaire de notre modèle social historique : solidarité horizontale entre ceux qui ont bénéficié de carrières longues et complètes et ceux qui ont connu des carrières à trous ; redistribution verticale entre les plus riches et les moins favorisés. Le nouvel édifice crée les conditions d'une collaboration de long terme entre les actifs et les pensionnés.

Les lecteurs du philosophe américain John Rawls, auteur d'une *Théorie de la justice*[1], y retrouveront le concept fondamental de cette théorie. La société doit être juste avant d'être égalitaire. Concept protestant s'il en est, dans lequel liberté et responsabilité sont indissociables. John Rawls renoue avec la tradition contractualiste : nous acceptons de renoncer à une partie de nos libertés personnelles en échange d'un cadre social durable et protecteur. Quand Léon Bourgeois estime que l'homme isolé n'existe pas, il ne dit rien d'autre que ce qu'avance Rawls. Oui, nous sommes débiteurs de la société ; et, dans le contrat social, chacun doit prendre sa part de l'effort et des fruits de cet effort.

La retraite par points permettra de réactualiser le contrat social et favorisera une collaboration juste entre les générations. Nul ne pourra plus s'enrichir au détriment de son prochain. La retraite n'est pas une caisse fictive ou un grand livre de comptes ; elle est d'abord le produit du travail humain. Nul trésor caché, nul droit de tirage éternel : il faut créer de la valeur, augmenter la productivité du travail pour ensuite distribuer un revenu de remplacement. En économie, les miracles n'existent pas. On ne peut redistribuer que ce qui a été créé !

Beaucoup de nos voisins européens ont entrepris des réformes sérieuses de leurs systèmes de retraite. Les Allemands ont relevé la borne de l'âge, tout comme les

1. Seuil, 1971. Du même auteur, lire également *La justice comme équité. Une reformulation de* Théorie de la justice (La Découverte, 2001).

Espagnols, les Belges et les Luxembourgeois qui bénéficient pourtant de salaires très élevés. Les Français devront travailler plus longtemps. Plusieurs ministres du gouvernement d'Édouard Philippe l'ont dit tout au long de l'année 2019.

Certes, nous savons tous qu'un ministre n'a pas d'opinion personnelle. Quand il s'exprime publiquement, son statut l'emporte sur sa personne. Encore aurait-il été judicieux de compléter la formule : travailler plus pour éviter à tout prix les retraités pauvres. Une grande partie des retraités touche 1 200 € ou moins – et encore, dans la plupart des cas grâce à des pensions de réversion. En prenant un peu de recul, on s'interroge : une grande partie des retraités se déclarent pauvres, alors que les retraites forment la principale dépense sociale de ce pays, très au-dessus de la moyenne des autres pays européens comparables.

La retraite est une invention récente. Elle n'a pas toujours été. Quelques générations de retraités, enfants des années de reconstruction et de croissance, ont profité de ses privilèges. « Les retraités des années 1950 sont pauvres, rappelle François Charpentier. Il faut attendre la mise en place des régimes complémentaires Agirc (1947) et Arrco (1962) pour que leur sort s'améliore », puis les années 1970 et la réforme du ministre du Travail Robert Boulin pour que les pensions soient calculées sur les dix meilleures années.

Le souvenir des retraités riches est resté vivace dans la mémoire sociale. Les réformes qui réduisaient le confort des retraités ont dès lors été vécues comme des reculs inacceptables. La première désindexation des pensions de retraite remonte à la toute fin décembre 1987, à l'initiative de Philippe Séguin. La décision est prise en catimini et le ministre pourtant social de la droite chiraquienne s'amuse de son opération commando. Elle intervient après les états généraux de la Sécurité sociale qui n'ont rien donné. En 1993, Édouard Balladur, Premier ministre, dupliquera les mesures Séguin en imposant la désindexation des retraites non plus sur les salaires, mais sur l'inflation.

La gauche radicale se raidit lorsqu'on lui présente les livres de comptes. Elle déteste les faits et préfère les chimères. Mais que dire d'un acquis social qui ne serait pas financé ? Est-ce encore un acquis social ? Qui faire payer ? Les patrons ? Ils financent déjà les droits à la retraite à un niveau très élevé. L'État ? Il est le plus généreux de tous les employeurs de France, celui qui paie sans compter pour la retraite de ses agents, au point même qu'il traîne une dette sociale hors bilan encore plus lourde que sa dette connue.

« Nous payons le prix de notre histoire, commente l'économiste Olivier Babeau, président du *think tank* Sapiens. Nous ne sommes jamais sortis du modèle actuel, qui a été conçu comme une pyramide de Ponzi. Au commencement, il a été nécessaire d'abonder le système, qui partait de zéro. Les pionniers du régime de la Sécurité sociale n'ont pas attendu une vie de cotisation pour toucher une pension. À défaut, ça n'aurait jamais marché. L'État a dû avancer les premiers fonds. C'est en cela que l'on peut parler de chaîne de Ponzi. Celle-ci est sans fin car il y aura toujours une génération supplémentaire. »

Patrick Artus et Jean Peyrelevade proposent de sortir de cette partie de poker menteur. Ils suggèrent de reporter l'âge de départ à 65 ans, par glissement d'un trimestre par an. Dans *Les Échos* du 13 mars 2019, ils rappellent que « la réduction des dépenses publiques, nécessaire pour des raisons d'équilibre budgétaire, restera extrêmement difficile à faire si on s'interdit, par principe, de toucher au niveau des dépenses de retraite ». Le taux d'emploi des 60-64 ans augmenterait, argumentent les auteurs, ce qui « conduirait à une hausse de l'emploi total de 1,8 million de personnes et, par définition, à une baisse identique du nombre de retraités ». On changerait ainsi le rapport entre actifs et inactifs. Les dépenses totales de retraite baisseraient de 12,7 % et la masse des cotisations augmenterait de 6,4 %.

L'augmentation graduelle de l'âge de départ de 62 à 65 ans représente une solution théorique séduisante. Toutefois, objecte François Charpentier, « les employeurs n'en veulent pas. Ils sont encore globalement hostiles à l'emploi des séniors ». Et de souligner que le nombre de potentiels préretraités en arrêt de longue durée masque une autre réalité, celle par laquelle la Sécurité sociale se substitue en fait aux caisses de retraite.

La retraite, formule collective de revenu différé, doit être comprise comme une épargne forcée. Ce qui pose encore question, c'est la répartition entre la part de prévoyance collective et les stratégies individuelles. Jusqu'où va la responsabilité de chacun ? La solidarité doit-elle compenser les lacunes de l'imprévoyance ? La question peut être étendue à l'échelon collectif. Prenons un exemple. Certains régimes, bien gérés, ont accumulé des réserves en prévision des jours difficiles. C'est le groupe des « fourmis » : Agirc-Arrco protège une épargne de plus de 70 milliards ; les indépendants ont stocké l'équivalent de 9 années de pensions, soit 16 milliards ; et les libéraux possèdent 22 milliards sur leurs régimes complémentaires. Le Fonds de réserve des retraites a épargné de son côté 36 milliards. Faites le compte, vous en avez pour 165 milliards[1].

Dans la perspective d'un régime unique et universel, ces réserves constituent un trésor de guerre qui fait rêver les « cigales » ! C'est-à-dire les régimes de la fonction publique, les régimes spéciaux, comme ceux de la SNCF ou de la RATP, qui ne disposent d'aucune réserve. Résumons-nous : les salariés du privé ont fait de gros efforts au prix de réformes douloureuses, « ces efforts, dit le représentant du Medef, ne doivent pas bénéficier au laxisme d'autres régimes ».

À la CFDT, Frédéric Sève, déjà cité, demande que les réserves des régimes des salariés du privé continuent d'être gérées par les partenaires sociaux et ne tombent pas entre les mains des « technocrates de Bercy », qui en feraient du petit bois. On se concentre beaucoup sur le rendement des cotisations investies, et c'est humain, mais on aurait tort de négliger les questions liées à la gouvernance du futur système universel. C'est une question centrale qui pèsera aussi sur l'avenir de nos pensions. Les syndicats veulent garder une main sur les leviers de commande. L'État, lui, veut une fois pour toutes imposer la règle d'or budgétaire au régime universel. De nombreux budgets sont votés et exécutés à l'équilibre en France – c'est le cas des budgets des collectivités locales –, mais l'État ? Il est à ce jour le plus mauvais élève du pays… Sera-t-il

1. En tenant compte des engagements passés, 52 milliards confiés à la Caisse d'amortissement de la dette sociale, le solde d'épargne est de l'ordre de 116 milliards.

tenté d'imposer la contrainte budgétaire aux pensionnés en ajustant le niveau des pensions aux réelles capacités contributives du système ?

Pudiquement, le haut-commissaire parle de mécanismes automatiques de pilotage permettant d'ajuster les comptes au fil de l'eau… Jean-Paul Delevoye se dit favorable à l'instauration de règles d'or qui n'impactent pas les générations futures. Doit-on comprendre que le pilotage exclut toute forme de recours à la dette ? Ce serait justice et nul ne devrait pouvoir s'en plaindre, sauf à insulter l'avenir. La réforme Macron vise à placer les individus face à leurs responsabilités. Avec le système des points, on cotise pour soi. Et pour certaines catégories, cette réforme a un sens supplémentaire. Le plafond de cotisation élevé pour le régime de base réduira la part de cotisation qui pourrait être affectée à un régime par capitalisation. Les médecins et d'autres personnes exerçant une profession libérale parlent dans ce cas de nationalisation ou d'étatisation du système.

C'est une tentation pour Emmanuel Macron, selon qui l'État doit s'occuper seul des grands chantiers. Le rôle des syndicats est de négocier dans les entreprises, et non pas en dehors. Deux conceptions des rapports sociaux s'affrontent, mais c'est le président de la République qui exerce le pouvoir. La réforme va heurter les habitudes des corporations qui avaient bâti des régimes séparés. C'est encore l'un des mystères du projet. Tous les métiers ne s'exercent pas de la même façon, et je doute que les mêmes règles puissent être imposées à des secteurs aussi différents que ceux de l'informatique, du bâtiment, du transport ou des professions libérales.

Pour combattre les « inégalités de destin », selon la formule du président de la République, il faut redistribuer les chances de succès. On ne peut détacher la question des retraites du monde du travail. Le taux d'activité, c'est-à-dire le taux d'emploi des personnes en âge de travailler, est déterminant. Pour obtenir une retraite à taux plein à la borne d'âge prévue, il faut avoir travaillé toute sa vie et en particulier les dernières années d'activité.

Or, selon les études de l'Insee, la France présente de grandes inégalités territoriales. Le taux d'emploi des personnes de 50 à 64 ans a bondi. En 2017, 61 % de cette classe d'âge était au travail, contre 53 % 10 ans plus tôt. Mais dans le détail, si les 50-64 ans sont au travail pour presque 69 % d'entre eux en Île-de-France, ils ne le sont qu'à 55,8 % dans les Hauts-de-France. Les cadres et les personnes qualifiées, plus présents dans les grandes métropoles, sont moins exposés au risque de petites retraites que les personnes victimes du chômage de masse dans les secteurs peu qualifiés où la main-d'œuvre est abondante.

Tout se tient : taux d'activité auquel il faut associer taux de qualification pour aboutir au rendement du revenu de remplacement. Les personnes faiblement ou pas du tout qualifiées reçoivent de très faibles retraites. Une tendance qui devrait être infléchie avec le régime par points. L'Insee fait ainsi remarquer que le taux d'emploi de la catégorie 60-64 ans est supérieur chez les femmes dans presque toutes les régions. Les auteurs de l'étude écrivent que « les femmes chercheraient à allonger leur durée d'activité avant de faire valoir leurs droits à la retraite pour compenser plus d'interruptions de carrières ou des emplois moins rémunérateurs ».

Il faut cesser de mentir aux Français. À l'exception des travaux pénibles, il faudra travailler plus et plus longtemps pour maintenir un système de retraite aussi généreux que le nôtre. Les salariés français sont statistiquement parmi les plus productifs du monde, mais cette productivité est mesurée à l'heure. Or, ils sont aussi ceux qui travaillent le moins (d'heures) et le moins longtemps. Après la folie de la réforme des 60 ans en 1983, la gauche de Lionel Jospin, Premier ministre, impose les 35 heures aux entreprises à compter du 1er janvier 2002. Au même moment, les Allemands profitent de la croissance européenne pour réaliser l'agenda Hartz[1]. La réforme du chancelier Schröder va relancer l'industrie allemande, alors que la France s'enkystera dans le piège idéologique de Martine Aubry.

Quel que soit le modèle retenu, la double question qui se pose à la société française est donc celle de la quantité et de la qualité du travail fourni. La part des retraites dans le PIB est en France très élevée. Partant de là, on peut résoudre le problème en augmentant la quantité de valeur créée. Or, les derniers indices publiés montrent que notre productivité est insuffisante pour financer notre modèle social. On peut toujours se comparer à nos voisins, mais la plupart d'entre eux ne bénéficient pas d'un confort social aussi élevé. La productivité est définie comme le rapport en volume entre une production et les ressources mises en œuvre pour l'obtenir (Insee). Quand

1. Peter Hartz, industriel allemand auteur du plan de relance allemand aux cotés du chancelier allemand Gerhard Schröder (SPD). On parle de l'agenda Hartz à l'origine du renouveau économique allemand.

la production augmente avec une quantité égale de travail et de capital, on dit que la productivité augmente.

Les retraites distribuées sont le produit de la richesse créée. Là est la justesse, là est la justice.

Cet ouvrage a été composé
par Facompo
à Lisieux (Calvados)

Impression réalisée par

CPI

en septembre 2019
pour le compte des éditions de l'Archipel,
département éditorial de la S.A.S. Écriture-Communication

Imprimé en France
N° d'impression : 153864
Dépôt légal : septembre 2019